PRÉCIS
D'Histoire
Militaire

RÉVOLUTION ET EMPIRE

PAR

MAURICE DUMOLIN

ANCIEN OFFICIER D'ARTILLERIE

FASCICULE III

—

CAMPAGNE DE 1794-1795

—

Avec 15 croquis en couleurs

PARIS

MAISON ANDRIVEAU-GOUJON

HENRY BARRÈRE, ÉDITEUR

21, RUE DU BAC, 21

1902

iii

CHAPITRE III

CAMPAGNE DE 1794 [1]

I

LA CAMPAGNE DE BELGIQUE

§ 1. — LA SITUATION.

Les forces. — Le repos relatif dont put jouir l'armée du Nord pendant l'hiver de 1793 à 1794 avait été mis à profit pour la réorganiser et l'approvisionner. Les municipalités des villes, déployant le zèle le plus louable, lui avaient fourni les cuirs, les armes, les canons, les vivres, les munitions dont elle avait le plus pressant besoin. D'autre part les décrets des 8 et 10 janvier 1794 avaient complété celui du 12 août 1793 relatif à l'amalgame et réglé l'organisation et l'administration des nouveaux corps. Près de 600 000 hommes, déjà complètement organisés d'après les nouveaux principes, avaient renforcé les armées des frontières, et porté celles du Nord à plus de 200 000 hommes (2), celles du Rhin au même

---

(1) Nous avons consulté pour cette campagne et la suivante : *Guerres de la Révolution et de l'Empire*, t. II ; Jomini, *Histoire des guerres de la Révolution* ; Gouvion Saint-Cyr, *Mémoires sur les campagnes des armées du Rhin*, t. II ; Thiers, *Histoire de la Révolution* ; Foucart et Finot, *la Défense nationale dans le Nord*; *Cours de Fontainebleau* ; Jung, *Dubois-Crancé* ; Krebs et Moris, *Campagnes dans les Alpes* ; Léon Hennet, *le Général Alexis Dubois* (*Journal des Sciences militaires*, 1897) ; Bittard des Portes, *Histoire de l'armée de Condé* ; Capitaine Hardy, *la Bataille de Fleurus, le Siège de Maëstricht*, dans le *Journal des Sciences militaires*, 1876 et 1878 ; Marmottan, *le Général Fromentin et l'armée du Nord* ; Derrécagaix, *Stratégie* ; Rambaud, *les Français sur le Rhin* ; Bonnal, *Histoire de Desaix* ; Moreaux, *le Général René Moreaux* ; etc.

(2) Armée du Nord proprement dite (160 000 hommes) et armée des Ardennes (40 000 hommes).

chiffre (1), celles des Alpes, des Pyrénées et des Côtes à 100 000 hommes chacune, y compris les garnisons. Grâce à l'appui de Saint-Just, qui voulait le dédommager d'avoir été subordonné à Hoche, Pichegru (2) avait obtenu la succession de Jourdan à l'armée du Nord (6 janvier) et avait été remplacé sur le Rhin par Michaud. Jourdan, bientôt tiré de sa retraite (3), avait été mis à la tête de l'armée de la Moselle (10 mars); l'armée des Ardennes était commandée par Charbonnier.

Ce déploiement de forces n'était pas inutile pour la campagne qui allait s'ouvrir. Grâce aux habiles manœuvres du ministre Pitt et aux subsides promis par lui, la Prusse, l'Autriche, la Hollande et l'Espagne s'étaient engagées à de nouveaux sacrifices pour continuer une lutte qu'on voulait rendre cette fois décisive. 90 000 Autrichiens, 20 000 Hollandais et 40 000 Anglais, soit 150 000 hommes, devaient opérer de la Meuse à la mer, sous les ordres du prince de Cobourg. Sur le Rhin, le duc de Saxe-Teschen, successeur de Wurmser, gardait la rive droite avec 50 000 hommes; Hohenlohe-Kirchberg (15 000 hommes) était à Mannheim; Mollendorf, successeur de Brunswick, couvrait Mayence avec 62 000 Prussiens; au total 130 000 hommes. Entre ces deux grandes masses, le corps de Blankestein (15 000 hommes), défendait Trèves et celui de Beaulieu (20 000 hommes), le Luxembourg. C'était en somme un total de 315 000 hommes qui menaçait notre frontière de Dunkerque à Belfort.

Les plans. — Le projet d'opérations des alliés sur la frontière du Nord avait pour auteur le général Mack, qui était revenu diriger l'état-major de Cobourg et dont la retraite momentanée avait encore accru la réputation. Il consistait à rester sur la défensive aux deux ailes et à prendre l'offensive avec le centre dans la direction Landrecies-Guise-Paris. Clerfayt, avec 30 000 hommes, devait occuper la West-Flandre dont on

---

(1) Armée du Rhin (140 000 hommes) et armée de la Moselle (60 000 hommes).
(2) « C'était, dit de lui Jomini, un général de second ordre, dont la faction avait singulièrement enflé la réputation, et qui, dans cette campagne où il fut plus heureux qu'habile, ne se montra sur aucun des champs de bataille. »
(3) Voir chap. II, p. 185.

avait fortifié les places de Tournay à Nieuport; Mollendorf, avec l'armée prussienne, devait s'avancer sur la Meuse, peut-être sur la Sambre, pour couvrir la gauche de Cobourg; enfin celui-ci, avec sa masse principale, devait se diriger sur Landrecies, s'en emparer, se porter ensuite sur Cambrai et Bouchain, enfin marcher sur Paris. Une armée anglaise débarquée en Vendée devait faciliter cette dernière opération par une diversion vers l'ouest.

« Le plan, dit Jomini, moins brillant, mais plus solide, aurait dû se borner à déterminer le point le plus favorable *au rassemblement des forces*; de là, il eût convenu d'attaquer l'ennemi *partout où on l'eût rencontré*, de le suivre dans toutes ses directions de retraite, et, après l'avoir dispersé, de se porter sur Paris. » Mais malgré les errements dont il faisait montre et bien que la prise de Landrecies fût inutile, l'exécution prompte et énergique de ce projet nettement offensif eût, comme on le verra, infailliblement réussi. Cette exécution fut heureusement incohérente et la France fut sauvée encore une fois, moins par sa courageuse fermeté que par les fautes de ses ennemis.

Cependant Carnot, de son côté, avait préparé le plan de la nouvelle campagne et l'envoyait le 11 mars à Pichegru. Pour la première fois apparaissait *un ensemble d'opérations*. « Toutes les armées de la République, y disait-on, devront agir offensivement, *mais non plus partout avec la même étendue de moyens*. Les coups décisifs doivent être portés sur deux ou trois points seulement... C'est sur la frontière du Nord que nous devons frapper les grands coups. » Suivaient quelques règles générales : « Agir toujours *en masse et offensivement*... Il faut une campagne des plus offensives et des plus décisives, engager en toute occasion le combat à la baïonnette et poursuivre constamment l'ennemi *jusqu'à sa destruction complète*. » Ces idées d'économie des forces et d'offensive à outrance étaient une innovation de la plus haute importance et ces principes, développés bientôt par Bonaparte, allaient révolutionner l'art de la guerre. Mais Carnot ne faisait encore l'application du premier (économie des forces) qu'au seul point de vue de la répartition des forces sur les frontières (choix du *centre de gravité*), et dans le *projet d'opérations particulier* relatif à la frontière du Nord, il s'en écartait singulièrement.

A l'inverse de Mack, il voulait rester sur la défensive au centre et agir offensivement aux deux ailes. L'aile gauche de l'armée du Nord (4 divisions) devait s'emparer d'Ypres (1), attirer sur elle une partie des coalisés, livrer une grande bataille entre la Lys et l'Escaut, puis marcher sur Gand et Bruges. L'aile droite de la même armée (4 divisions) devait se joindre à l'armée des Ardennes (2 divisions) pour déboucher en Belgique par Charleroi et marcher sur Bruxelles. Enfin le centre de l'armée du Nord (4 divisions) devait se tenir sur la défensive dans la trouée entre Maubeuge et Bouchain, en renforçant les garnisons et en occupant l'ennemi par une guerre de postes.

Ce projet d'opérations mal conçu, basé sur le système des *cordons* et séparant les forces agissantes en deux masses très éloignées l'une de l'autre, faisait littéralement le jeu des alliés, en train de concentrer, à la fin de mars, 100 000 hommes dans les plaines du Cateau. Ils ne surent heureusement pas en profiter. Si Pichegru dans ses premières opérations n'éprouva, pour ainsi dire, que des échecs, les alliés prirent à tâche de les pallier par leurs lenteurs et par leurs fautes : les troupes françaises de nouvelle levée s'y aguerrirent, y acquirent l'esprit de corps et de discipline, enfin s'y habituèrent aux fatigues des marches et des campements. Ces premiers combats firent leur apprentissage.

§ 2. — LANDRECIES.

L'offensive des coalisés. — Dès le milieu de mars Cobourg avait concentré ses forces entre Valenciennes, le Cateau et le Quesnoy (2). Pichegru, pour exercer ses troupes, les avait fait sortir de leurs cantonnements et les avait établies dans des camps, éparpillés sans aucun dispositif de Dunkerque à Mau-

---

(1) Voir le croquis n° 1.
(2) Voir le croquis n° 26.

beuge. Les positions des 12 divisions de son armée étaient les suivantes :

Droite..	1re division.	Favereau.....	Maubeuge............	9 000 hommes.	
	2e —	Lemaire, puis Despeaux.	St-Waast.............	7 000	—
	3e —	Desjardins....	Cerfontaine..........	14 500	—
	4e —	Fromentin....	Avesnes.............	15 600	— (1)
Centre..	5e —	Balland.......	Etreux..............	12 600	—
	6e —	Goguet.......	Bohain..............	11 200	—
	7e —	Chapuis.......	Camp de César.......	15 000	—
	8e —	Pierquin......	Arleux..............	8 000	—
Gauche.	9e —	Osten.........	Pont-à-Marcq........	7 200	—
	10e —	Souham.......	Lille................	30 500	—
	11e —	Moreau.......	Cassel..............	21 000	—
	12e —	Michaud......	Dunkerque..........	12 600	—
				164 200 (2)	

L'armée des Ardennes (divisions Vézu et Jacob, environ 40 000 hommes) se concentrait à Philippeville sous les ordres de Charbonnier.

Des reconnaissances tentées par Pichegru vers le Cateau (29 mars) et la forêt de Mormal (2 avril) furent repoussées. Mais des pluies abondantes et l'attente de l'empereur d'Autriche, qui venait rejoindre l'armée alliée, retardèrent jusqu'au 16 avril l'ouverture des hostilités. Ce jour-là, François II passa la revue de ses troupes, et le lendemain les forces coalisées partagées en trois grands corps (3), lesquels se fractionnèrent en huit colonnes, se dispersaient en éventail en avant du Cateau, sur un front de 15 lieues, pour déblayer le terrain autour de Landrecies ! — Devant cette offensive maladroite les divisions Balland et Goguet se replièrent en combattant derrière le Noirieux, puis derrière l'Oise, et se massèrent autour de Guise; la division Fromentin se replia derrière la petite Helpe, entre la Capelle et Avesnes; la division

---

(1) Ces chiffres sont tirés de Jomini, mais ne doivent être qu'approximatifs, car un état de situation des archives de la Guerre donne au 1er avril pour la division Fromentin un effectif de 18 333 hommes (MARMOTTAN, p. 205).

(2) Non comprises les garnisons composées de nouvelles levées. Remarquer l'effectif éminemment variable des divisions.

(3) 1er corps. Cobourg. Autrichiens. 40 000 hommes.
    2e — York. Anglais et division autrichienne Otto. 35 000 —
    3e — Orange. Hollandais et division autrichienne Latour. 25 000 —

Lemaire rejoignit sous Maubeuge les divisions Desjardins et Favereau. Tandis qu'Orange investissait Landrecies, Cobourg prit position vers Avesnes et York vers Cambrai. Enfin Kaunitz, passant la Sambre à Merbes avec un corps de 25 000 hommes, se posta en avant de Beaumont pour séparer l'armée du Nord de l'armée des Ardennes.

L'attaque des coalisés dérangeait singulièrement le plan de Carnot, qui, suivant les errements de l'époque, *raisonnait toujours en supposant l'ennemi immobile, sans rien faire pour l'immobiliser*. Pichegru, voyant ses forces coupées en trois tronçons, fut complètement dérouté et ne sut prendre aucune bonne mesure. Il importait avant tout de rétablir la communication entre Guise et Maubeuge, que le corps de Cobourg interceptait. Le 20 avril une première tentative mal concertée échoua et Goguet y fut tué. Le lendemain, les brigades Duhesme et Duvigneau, parties l'une d'Avesnes, l'autre de Guise (1), parvinrent à se rejoindre dans la forêt du Nouvion et à s'y maintenir tandis que Charbonnier, vainqueur à Daussois, atteignait Silenrieux. Mais le 24 avril Chapuis, sorti du camp de César avec 10 000 hommes, était rejeté sur Bouchain et sa retraite dégénérait en débandade. Le même jour une sortie de la garnison de Landrecies était repoussée et le bombardement commençait.

L'offensive française. — Convaincu de l'inutilité de ces attaques partielles, Pichegru se résolut, pour dégager la place, à une action générale, de Philippeville à Dunkerque. L'armée des Ardennes (Charbonnier) et les 4 divisions de la droite de l'armée du Nord (Ferrand), en position entre Maubeuge et Avesnes, durent déblayer la rive droite de la Sambre ; les troupes de Guise, Cambrai et Bouchain durent assaillir Cobourg et York ; enfin à la gauche les divisions Souham et Moreau durent tenter une pointe vigoureuse de Lille sur Courtrai, pour attirer sur elles une partie des forces des coalisés. C'était le plan de Carnot, mais dénaturé et réduit à une vaste attaque parallèle. Le résultat était facile à prévoir.

(1) La première appartenait à la division Fromentin, la seconde à la division Balland.

L'opération eut lieu le 26 avril. A droite Charbonnier, à la tête de 30 000 hommes, culbuta des hauteurs de Boussu le corps de Kaunitz, tandis que la division Desjardins, sortie de Maubeuge, s'emparait de Beaumont, où les deux généraux faisaient leur jonction. Mais du côté d'Avesnes et de Guise l'attaque des divisions Fromentin et Balland échouait, et du côté du Cateau, Chapuis éprouvait un désastre. Sorti de Cambrai avec environ 28 000 hommes (troupes du camp de César, d'Arleux et de Pont-à-Marcq), il dispersait ses forces en trois colonnes divergentes; celle du centre, qui suivait la grand'route du Cateau, était écrasée en avant de Trois-Villes par le gros des forces du duc d'York et perdait, avec son général fait prisonnier, 4 000 hommes et 35 pièces.

Cobourg trouva sur Chapuis des dépêches de Pichegru révélant tout le projet de diversion en Flandre. Mais ne voulant pas lâcher Landrecies, dont le siège avançait, il se contenta de diriger à marches forcées sur Courtrai la division Erskine (6 000 hommes), qui d'ailleurs arriva trop tard.

Le 30 avril, Landrecies, dont la garnison, forte de 5 000 hommes, et la population civile avaient montré le plus grand courage, était obligé de capituler et le général Rouland rendait la place, qui ne présentait plus qu'un monceau de ruines.

Aussitôt la nouvelle reçue, Pichegru se hâta d'abandonner le camp de César et d'en diriger les troupes (20 000 hommes sous Bonnaud remplaçant Chapuis) sur Lille, pour soutenir les opérations de sa gauche qu'il alla bientôt surveiller lui-même. Ferrand reçut le commandement en chef des deux divisions restées à Guise (1) : Balland et ex-Goguet ; Desjardins, celui des 4 divisions de la droite : Favereau et Desjardins (2) près de Maubeuge, Fromentin et Despeaux à Beaumont. C'était, encore une fois, faire le jeu de Cobourg *en dégarnissant complètement la route de Paris* et en permettant au généralissime autrichien de se porter en masse sur une de nos ailes. Encore une fois Cobourg ne sut

(1) Il ne faut pas oublier que Guise s'appelait alors *Réunion-sur-Oise*, Philippeville, *Vedette Républicaine*, Charleroi, *Charles-Libre*, etc.
(2) La propre division de Desjardins passa sous les ordres de Muller.

pas en profiter. Abandonnant tout d'un coup le fameux plan de Mack, il envoya le corps du prince d'Orange, avec les divisions autrichiennes Alvinczi, Latour et Werneck, renforcer Kaunitz sur la Sambre, laissa un simple corps d'observation en face de Guise et se porta en toute hâte, avec son propre corps et celui du duc d'York, sur Tournay, où l'appelaient de fâcheuses nouvelles de Clerfay.

§ 3. — LA MANŒUVRE DE COURTRAI.

Mouscron. — Si la diversion tentée en Flandre n'avait pas sauvé Landrecies, elle allait contribuer pour une grande part à la défaite de Cobourg. Que l'idée de cette diversion vînt de Carnot, comme prétendent les uns, ou de Pichegru, comme soutiennent les autres, il n'y a guère lieu pour eux de se disputer cette combinaison. Pousser 50 000 hommes de Lille sur Courtrai pour dégager Landrecies, « c'était, comme le remarque Jomini, hasarder beaucoup pour un résultat très mince; car cette colonne devait filer entre la mer et une armée qui pouvait rassembler 120 000 hommes, et qui aurait pu lui faire payer cher une entreprise conçue contre tous les principes des lignes d'opérations. On a fait beaucoup trop de bruit de cette diversion, qui réussit par les fautes inouïes de ceux qui avaient tous les moyens de la déjouer. »

Le corps destiné à cette opération se composait des divisions Souham et Moreau (50 000 hommes). Le 26 avril, date fixée pour l'attaque générale, le premier (30 000 hommes) avait marché de Lille sur Courtrai (1), avait battu la garnison et était entré dans la place; le second (20 000 hommes), s'avançant par les deux rives de la Lys, avait investi Menin; en même temps la division Michaud, partie de Dunkerque, s'emparait de Furnes et menaçait Ypres. Attiré d'abord vers Denain et Orchies par des démonstrations de la division Osten, Clerfayt se hâta de revenir à Tournay, et, après avoir rassemblé 18 000 hommes, vint se poster à

---

(1) Voir le croquis n° 27.

Mouscron, menaçant la ligne de retraite de Souham (28 avril). Mais celui-ci, revenant sur ses pas, l'attaquait le 29. Après un combat de huit heures, les hauteurs du moulin de Kastel étaient enlevées à la baïonnette par les brigades Macdonald, Jardon et Daendels, tandis que la brigade Bertin les tournait par la droite. Clerfayt, blessé, se replia sur Tournay, perdant 1 200 prisonniers et 30 pièces. — Pendant ce temps Moreau avait contenu la division hanovrienne de Wallmoden, l'avait rejetée sur Deynse et était revenu devant Menin. Dans la nuit du 29 au 30 le général Hammerstein se sauvait de la ville avec la garnison (3 000 hommes), en passant sur le ventre des Français, et la place capitulait le lendemain.

Courtrai. — Mais tandis que Souham le cherchait vers l'Escaut, Clerfayt, se dérobant au Nord par une marche rapide, avait attaqué la brigade Vandamme (division Moreau) sur la Heule, l'avait obligée à se replier sur Courtrai, et était venu s'emparer de Wevelghem et du faubourg de Bruges. En même temps une attaque de la division Bonnaud (qui arrivait du camp de César et venait d'atteindre Lille), sur le corps du duc d'York déjà parvenu à Lamain, échouait.

Pichegru, alors à Courtrai, rappela Souham en toute hâte et, le 11 mai, attaqua Clerfayt retranché dans une position très forte entre les chaussées de Menin et de Bruges. Le général français avait détaché vers Menin les brigades Malbrancq et Macdonald pour tourner la droite autrichienne ; mais la direction choisie était absurde (car il était bien préférable de tourner Clerfayt par le nord) et le mouvement trop long pour être achevé en temps voulu. L'attaque de front, deux fois repoussée, dura jusqu'à dix heures du soir sans grand avantage ; mais dans la nuit, Clerfayt, prévoyant un échec, battit en retraite sur Thielt. Ce combat, très honorable pour le général autrichien, coûtait 800 hommes à chaque parti.

Tourcoing. — Sur ces entrefaites l'empereur François II, après avoir envoyé à Mollendorf l'ordre de faire marcher 30 000 Prussiens de Mayence sur la Belgique pour renforcer Cobourg, arriva à Tournay le 15 mai et y tint un grand conseil de guerre. A l'instigation du général Mack fut arrêté un plan « de destruction » ayant pour but de couper en deux notre aile gauche échelonnée de Lille à Courtrai, de pousser le tronçon nord à la mer, puis de se rabattre sur le tronçon sud. Ce plan, exécuté avec énergie et en masse, en jetant 100 000 hommes entre Lille et Menin, avait de grandes chances de réussite. Cobourg s'arrangea de façon à le faire avorter.

Il partagea ses forces en six colonnes, d'abord divergentes de Tournay, puis convergentes sur Tourcoing (1) :

La première (Clerfayt, 25 bataillons et 28 escadrons, 16 000 h.) dut s'avancer de Thielt sur Werwicq, y passer la Lys, puis se diriger sur Tourcoing par Linselles ;

La deuxième (Buch, 10 bataillons et 10 escadrons (2), 9 500 h.) marcha sur Mouscron ;

La troisième (Otto, 13 bataillons et 11 escadrons, 12 000 h.) sur Tourcoing ;

La quatrième (York, 15 bataillons et 2 400 cavaliers, 14 400 h.) sur Roubaix et Mouvaux ;

La cinquième (Kinski, 12 bataillons et 16 escadrons, 12 000 h.) sur Sainghin ;

La sixième (archiduc Charles, 20 bataillons et 32 escadrons, 20 800 hommes) marcha de Saint-Amand sur Pont-à-Marcq pour soutenir la cinquième.

C'était un total de 85 000 hommes.

Mais la réussite de pareilles dispositions nécessitait un accord dans les mouvements qu'il était presque impossible d'obtenir. Clerfayt s'ébranla le 16 mai ; les autres le 17. Le premier, arrêté à Werwicq par la brigade Vandamme, ne put atteindre Linselles que le 18. La deuxième colonne trouva à Mouscron la brigade Thierry, qui, bientôt soutenue, la culbuta vers Espierre. Les troisième et quatrième colonnes occupèrent Tourcoing, Roubaix et les villages voisins, où elles se disséminèrent. Bonnaud, après avoir vigoureusement disputé le passage de la Marcq à la cinquième colonne, vers Tressin et Sainghin, dut se retirer sur Flers lors de l'entrée en ligne de la sixième colonne.

---

(1) Voir le croquis n° 28.
(2) Il faut compter le bataillon à 800 hommes et l'escadron à 150 sabres.

Au moment de cette attaque Pichegru était du côté de Cambrai, mais Souham et Moreau prirent en son absence une résolution sage et prompte (1). A la nouvelle des grands mouvements de troupes qui s'opéraient vers Tournay, ils levèrent leur camp de Moorseele et rétrogradèrent sur Lille. Moreau, ne gardant que 8 000 hommes, se chargea de contenir Clerfayt, tandis que Souham avec 45 000 marcherait sur Tourcoing. En même temps ils envoyaient à Bonnaud l'avis de se rabattre sur Roubaix avec 16 000 hommes, en ne laissant devant l'archiduc Charles que quelques bataillons (2).

Le 18 au matin Souham attaqua à Tourcoing et Watrelos la colonne de Otto (troisième) et la mit dans une déroute complète. York (quatrième colonne), attaqué par Bonnaud de Mouvaux à Lannoy, se défendit d'abord avec résolution. Mais, pris à revers par les brigades de Souham, il vit bientôt ses troupes se débander et manqua d'être fait prisonnier. Quant aux cinquième et sixième colonnes, attendant peut-être des ordres qui ne purent leur parvenir, elles restèrent immobiles en avant de Sainghin et recueillirent à Marquain les débris des autres divisions. De son côté Clerfayt, arrivé tardivement à Linselles, avait obligé Moreau à se replier sur Bambecque, après avoir fait filer sur Lille le grand parc d'artillerie. Mais apprenant l'entrée des Français à Tourcoing et n'entendant plus le canon, il reprit le soir la route de Thielt.

Tournay. — Cette victoire, qui coûtait à l'ennemi trois mille hommes et 60 pièces et dégageait la gauche de l'armée du Nord, eut un effet moral considérable et donna aux troupes une confiance sans bornes. Malheureusement Pichegru, revenu le lendemain, ne sut pas en profiter.

Après avoir laissé aux alliés trois jours de répit, il porta le 23 mai les divisions Souham, Moreau et Bonnaud sur Tournay. Cobourg avait établi son armée en avant de la ville, la droite à l'Escaut

---

(1) « Sous un autre chef, dit Soult (I, 124), cette absence eût pu devenir fatale ; ici, au contraire, elle fut une cause de salut. »

(2) Ces différentes dispositions témoignent des progrès que le principe de l'économie des forces avait déjà fait faire à la tactique des généraux républicains.

vers le Pecq, la gauche sur les hauteurs de Lamain. Des deux côtés la bataille manqua complètement de direction et d'ensemble. Si Pichegru ne voulait faire qu'une reconnaissance et si ses troupes furent entraînées malgré lui, il y avait employé beaucoup trop de monde et eut le tort de ne pas paraître au fort de l'action. Celui-ci eut pour théâtre Templeuve et Pont-à-Chin. Ce dernier village, pris et repris cinq fois par la brigade Macdonald, finit par rester aux Anglais. Après une lutte de quinze heures, qui coûta à chacune près de 4000 hommes, les deux armées se retirèrent respectivement sur Courtrai et Tournay.

Hooglède. — Vainement Pichegru, désespérant de forcer les positions de Cobourg, essaya-t-il de l'attirer sur un autre terrain en portant la division Bonnaud de Sainghin sur Orchies. Cobourg, notablement amoindri par l'envoi d'un renfort de 20 000 hommes sur la Sambre (1), et n'osant risquer de nouveau la bataille, ne bougea pas ; Clerfayt de son côté resta à Thielt. Le général français résolut de profiter de leur inaction pour s'emparer d'Ypres ; il espérait, sans doute aussi par ce mouvement attirer à lui Clerfayt et le battre isolément, puisqu'il ne pouvait marcher sur Thielt ayant Cobourg sur ses derrières (2). Moreau venant de Menin avec deux brigades et Michaud arrivant de Furnes, complétèrent l'investissement d'Ypres le 4 juin, tandis que Pichegru prenait position, avec la division Souham et le reste de la division Moreau, entre Passchendaele et Langemarcq pour observer Clerfayt, et Bonnaud vers Tourcoing pour observer Cobourg. Le bombardement commença le 9 juin.

Clerfayt tenta de dégager la place. Après un premier engagement sans résultat le 10, vers Roulers (ou Rousselaere), il se reporta en avant le 13, avec 30 000 hommes (3), et rencontra entre Roulers et Hooglède le corps d'observation qui s'était avancé jusque-là. Sa gauche culbuta de Roulers la division Despeaux,

---

(1) L'Empereur François II en personne conduisait ces troupes.
(2) L'idée de Pichegru de battre Clerfayt en profitant de l'inaction de Cobourg est, de l'avis de Jomini, une de ses meilleures inspirations.
(3) Cobourg lui avait envoyé 8000 Hanovriens.

récemment formée (1); mais la brigade Macdonald, qui tenait le plateau de Hooglède, résista à toutes les attaques et permit aux autres brigades de se rallier, de reprendre Roulers et de rejeter pour la seconde fois Clerfayt sur Thielt.

Cobourg venait d'être rappelé précipitamment sur la Sambre; York, resté à Tournay avec 30 000 hommes, et lord Moyra, débarqué à Ostende avec 9 000, ne firent aucun mouvement et l'affaire d'Hooglède nous rendit maîtres de la West-Flandre. Ypres se rendit le 17 juin et la garnison, forte de 6 000 hommes, fut envoyée en France. Après avoir mis la place en état de défense, Pichegru s'avança sur la Mandel avec l'intention de passer l'Escaut à Oudenarde, de séparer York de Clerfayt et de tendre la main aux armées de la Sambre, qui, victorieuses à Fleurus, marchaient déjà sur Bruxelles.

§ 4. — LA MANŒUVRE DE CHARLEROI.

Le premier passage de la Sambre. — Tandis, en effet, que l'aile gauche de l'armée du Nord faisait la conquête de la West-Flandre, des succès autrement décisifs, étaient remportés sur la Sambre (2).

Après la capitulation de Landrecies les forces rassemblées entre Maubeuge et Philippeville, augmentées par de nouveaux bataillons venus de Guise, s'étaient élevées à environ 60 000 hommes. Ne voulant pas voir sur ce point un général devenir trop puissant au détriment de l'autorité de Pichegru, le Comité de Salut public avait commis la faute de partager le commandement entre Desjardins et Charbonnier, aussi braves, mais aussi dépourvus l'un que l'autre des qualités d'un général en chef. Le premier avait sous ses ordres l'aile droite de l'armée du Nord :

Division Favereau à Maubeuge;
Divisions Fromentin, Despeaux et Muller (ex-Desjardins), concentrées entre Beaumont et Cousolre;
Cavalerie Solaud.

(1) Despeaux avait été envoyé à l'aile gauche prendre le commandement d'une division constituée avec une partie des troupes de Bonnaud et des bataillons de nouvelle levée. Voir p. 239.

(2) Voir les croquis nos 26 et 29. — Nous nous sommes surtout servi pour cette période de l'ouvrage de M. Marmottan, qui reproduit nombre de documents originaux.

Le second commandait l'armée des Ardennes :

Divisions Mayer, Vézu et Jacob, concentrées entre Boussu et Walcourt;
Cavalerie d'Hautpoul.

En face d'eux le corps de Kaunitz (moins de 30 000 h.), au secours duquel s'avançait Orange par Bavay, occupait les deux rives de la Sambre entre Marpent et Charleroi, ayant son gros vers Hantes-Wiheries, en avant de Merbes-le-Château.

Commençant à comprendre toute l'importance des opérations vers Charleroi, qui menaçaient directement les communications des alliés avec le Rhin, le Comité avait envoyé à Maubeuge les représentants Saint-Just et Lebas, dont la farouche énergie avait fait merveille l'année précédente à Strasbourg. Leur impulsion ne tarda pas à se faire sentir.

Dès le 10 mai l'armée française s'ébranlait vers la Sambre. La division Favereau avait la garde de Maubeuge et devait inquiéter l'ennemi de ce côté. Les divisions Despeaux, Muller et Fromentin, du corps Desjardins, et la division Mayer, du corps Charbonnier, devaient déblayer la rive droite de la Sambre de Marpent à Lobbes et franchir la rivière au pont de cette dernière ville, dont la brigade Duhesme, formant avant-garde, devait s'assurer. Les divisions Jacob et Vézu, partant de Walcourt et précédées de la brigade Marceau, avaient pour objectif Thuin.

L'opération réussit. Marpent, Jeumont, Solre, Lobbes, Thuin furent enlevées à la baïonnette, et les alliés durent repasser la Sambre vers Fontaine-Valmont pour se concentrer dans le camp retranché de Merbes, ne conservant sur la rive droite qu'un détachement à Hantes-Wiheries. L'armée française borda la rivière de Solre-sur-Sambre à Landelies.

Le 11 un retour offensif de Kaunitz, qu'avait rejoint 22 bataillons du corps Orange (1), fut repoussé, mais nos divisions ne purent prendre pied sur la rive gauche.

Le 12 mai au matin, Marceau et Vézu passaient la Sambre à Landelies et s'établissaient à Léernes, surveillant la direction de Charleroi. A l'autre extrémité de notre ligne Favereau se portait

---

(1) Voir p. 228.

de Maubeuge sur Assevent. Vers le milieu du jour Duhesme, suivi de Mayer, débouchait de Thuin sur Mont-Sainte-Geneviève, Fromentin passé à Lobbes, prenait la direction de Merbes-Sainte-Marie, tandis que Muller et Despeaux, restés sur la rive droite, canonnaient les positions autrichiennes d'Erquelinnes à Merbes-le-Château. Jacob, passé à Landelies, formait liaison entre Mayer et Vézu. — Vigoureusement abordé, l'ennemi replia ses derniers postes de la rive droite, abandonna le camp fortifié de Merbes et gagna la position Grand-Reng-Haulchin. Le soir le gros de l'armée française s'établit sur la ligne Erquelinnes-Mont-Sainte-Geneviève, Vézu et Marceau à Fontaine-l'Évêque. — Le premier passage de la Sambre était effectué.

Le 13 mai au matin l'attaque reprit pour rejeter l'ennemi sur Mons ; mais celui-ci avait reçu de nouveaux renforts. A notre gauche, Muller et Despeaux, malgré des prodiges de valeur et l'appui de la cavalerie de Soland, ne purent conserver les redoutes du Grand-Reng, enlevées une première fois. Au centre, Fromentin, entré à Peissant, fut blessé en attaquant Rouveroy et vit ses troupes reculer sur le bois de Saliermont, en avant de Merbes-Sainte-Marie. Portant tout leur effort vers leur droite pour couper les Français de la Sambre, Orange et Kaunitz finirent par accabler les divisions Muller et Despeaux et les obligèrent à repasser les ponts de Solre et de Merbes-le-Château. A la nouvelle de cet échec, Mayer, déjà parvenu à Binche, battit en retraite sur Thuin. La division Fromentin, dont Duhesme avait pris le commandement, oubliée dans le bois de Saliermont, put effectuer sans encombre sa retraite sur Lobbes dans la matinée du 14, tandis que Vézu et Marceau se repliaient sur Landelies, et le soir de ce jour l'armée française occupait le long de la Sambre ses anciennes positions du 11.

Malgré l'initiative et l'énergie des sous-ordres, l'opération avait montré, par son décousu, tous les inconvénients du système divisionnaire en l'absence d'une direction supérieure ferme et éclairée. Elle nous coûtait 4 000 hommes (1).

(1) Voir sur le talent déployé par Kaunitz dans cette journée les *Mémoires* de SOULT (I, 133) et le *Journal* de FRICASSE (p. 25).

Le deuxième passage. — Dans un grand conseil de guerre tenu le 16 à Cousolre, Saint-Just fit décréter de sévères mesures pour établir une discipline rigoureuse et fit décider une nouvelle tentative de passage. Elle eut lieu le 20 mai. Les ponts de la Sambre, gardés par de simples avant-postes, furent facilement enlevés à Landelies par Vézu, à Thuin par Mayer, à Lobbes par Fromentin et d'Hautpoul, à Fontaine-Valmont par Muller et Soland, à Solre par Despeaux et l'armée reprit ses positions du 12 au soir, de Solre à Fontaine-l'Évêque.

Le lendemain 21, l'ennemi l'attaqua sur toute la ligne, en portant son principal effort vers notre gauche. La division Despeaux dut plier; mais soutenue bientôt par la division Muller, la brigade Poncet de la division Fromentin et la cavalerie de d'Hautpoul, elle finit par rejeter Kaunitz sur le Grand-Reng, sans pouvoir, cette fois encore, en occuper les retranchements. A la droite Fromentin et Mayer se tinrent sur la défensive et se contentèrent d'échanger avec l'ennemi une violente canonnade.

Nos positions étaient sauves, mais les vivres, les fourrages surtout, manquaient et les retranchements du Grand-Reng semblaient inexpugnables de front. A la suite d'un conseil de guerre on résolut de former un corps de 15 000 hommes avec neuf bataillons d'élite pris dans les divisions et quatre régiments de cavalerie (d'Hautpoul), et de le confier à Kléber, récemment arrivé de Vendée comme divisionnaire à la suite: ce corps devait tourner l'ennemi par Anderlues et Haine, s'emparer de ses convois arrivant de Bruxelles et l'obliger par ce mouvement à abandonner sa position (1).

Le 24 mai, à l'aube, Kléber venait à peine de s'ébranler, que Kaunitz, comme instruit de nos projets, attaquait vigoureusement notre gauche et notre centre dégarnis (Despeaux, Muller et Fromentin), surprenait leurs grand'gardes et les rejetait dans le plus grand désordre sur Solre et Merbes-le-Château. Kléber, qui n'avait pas dépassé Anderlues, revenant sur ses pas au bruit du canon, rallia la division Mayer, qui

---

(1) Soult (I, 134) dit qu'il n'était question que de «faire un fourrage du côté de Frasne».

avait poussé jusqu'à Binche, et se replia avec elle sur Lobbes. Il écrasa une forte colonne autrichienne qui l'avait précédé en ce point, mais, malgré tous ses efforts, ne put se maintenir sur la rive gauche et dut repasser la Sambre. Vézu et Marceau, restés encore inutiles, la franchirent à Landelies. Nous avions perdu 4 000 hommes, 15 000 depuis 15 jours.

Le lendemain 25 mai l'ennemi, poursuivant son succès, tenta de passer la rivière sur tous les points. Il fut partout repoussé, sauf à Marchiennes-au-Pont, où un gros détachement parvint à s'établir à Montigny-le-Tilleul.

Le troisième passage. — Les vivres, les fourrages, les munitions continuaient à manquer ; les généraux étaient découragés de tant d'efforts inutiles ; les soldats étaient accablés de fatigue (1). Saint-Just, imposant à tous son indomptable énergie, ordonna, d'accord avec le Comité, un nouveau projet d'attaque, dirigé cette fois contre Charleroi et le camp de la Tombe, situé en face de Marchienne-au-Pont. Favereau avec 10 000 hommes dut rester à Maubeuge, Muller et Despeaux (20 000 hommes), en position à Lobbes, durent garder la rive droite de la Sambre de Marpent à Thuin, le reste de l'armée (30 000 hommes) marcha sur Charleroi. Kléber, soutenu par Vézu et Mayer, fut chargé de l'attaque de Marchienne. Charbonnier, avec la division Jacob, de celle de Montigny-le-Tilleul, Fromentin de celle de Landelies, Marceau d'une démonstration sur Châtelet. — L'attaque de Charbonnier réussit seule et Montigny fut repris ; Kléber, mal soutenu par Vézu, ne put passer à Marchienne, et Fromentin, après avoir poussé jusqu'à Fontaine-l'Évêque, dut reculer devant des forces très supérieures.

Le quatrième passage. — Les divisions, reformées derrière l'Heure et enfin réapprovisionnées, renouvelèrent leur tentative le 28 mai. Elles franchirent la Sambre vers Landelies, occupèrent le camp de la Tombe évacué par l'ennemi, s'emparèrent le lendemain de Marchienne et de Châtelet et investirent aussitôt Charleroi.

---

(1) Voir dans le *Journal* de Fricasse (p. 31) le courage et la docilité des troupes.

La place occupée par une garnison de 3000 hommes, étant à l'abri d'un coup de main, on en commença le siège avec les faibles ressources dont on disposait en fait d'artillerie. Mais sur ces entrefaites arriva sur la Sambre l'empereur François II avec les 20 000 hommes amenés de Tournay (1). Attaqués le 2 juin dans leurs lignes par des forces très supérieures, les Français furent rejetés sur la rive droite pour la quatrième fois, dans le plus grand désordre.

Le lendemain 3 juin, au moment où l'empereur d'Allemagne faisait son entrée dans Charleroi, Jourdan arrivait sur l'Heure avec 43 000 hommes de l'armée de la Moselle.

La marche de Jourdan. — Nommé à la succession de Hoche le 10 mars 1794 (2), Jourdan s'était activement employé à réorganiser son armée d'après les nouveaux principes. Son aile gauche (3 divisions, sous Hatry), s'étendait de la Sarre à Longwy; son aile droite (3 divisions, sous Moreaux), vers Kaiserslautern et Deux-Ponts, liait son action à celle de l'armée du Rhin. C'était un total d'environ 60 000 hommes, dont 10 000 dans les places. — En face de lui Beaulieu occupait le Luxembourg avec une forte division et avait 12 000 hommes concentrés dans Arlon, tandis que Mollendorf gardait le Palatinat.

Jourdan reçut l'ordre de s'emparer d'Arlon (15 avril). Tandis que la division Vincent faisait une fausse attaque vers Merzig, le général se porta sur Arlon avec les divisions Championnet, Morlot et Lefebvre (environ 20 000 hommes), placées sous les ordres d'Hatry. Une première attaque, tentée le 17 avril, échoua; mais le lendemain Beaulieu fut délogé de tous ses retranchements et rejeté sur Neuchâteau. Laissant Hatry à Arlon avec 10 000 hommes, Jourdan parcourut, avec le reste, le comté de Namur pour y frapper des contributions, puis se replia sur ses anciennes positions.

Mais il sentait mieux que personne l'inutilité et le danger de ces opérations décousues, tentées sur toute l'étendue de la frontière. Reprenant les idées de Custine, il semble prouvé qu'il

(1) Voir ci-dessus, p. 232.
(2) Voir chap. II, p. 209.

proposa à Carnot le plan qui devait décider la campagne : *la jonction de l'armée de la Moselle avec les forces opérant sur la Sambre*, pour frapper vers Charleroi, avec une masse imposante, un coup décisif. Le 30 avril, Carnot en ordonna l'exécution.

La droite de l'armée de la Moselle, réduite à environ 10 000 hommes, sous Moreaux, dut rester à Kaiserslautern ; 16 000 hommes tirés de l'armée du Rhin vinrent garder les défilés de la Sarre et passèrent sous les ordres de ce général. Jourdan avec 33 000 hommes, ralliant à Arlon les 10 000 hommes d'Hatry, marcha à la tête de 43 000 combattants et 72 pièces sur Charleroi (21 mai) (1). Beaulieu, délogé de Neuchâteau, puis de Marche-en-Famine (27 mai), essaya vainement de défendre le passage de la Meuse à Dinant et se replia sur Namur, d'où il rejoignit le gros des alliés devant Charleroi.

Jourdan, comme on l'a vu, fit sa jonction le 3 juin avec l'armée de Charbonnier et de Desjardins. Comprenant enfin la nécessité pour les troupes réunies sur la Sambre d'un chef unique, les Représentants prirent l'initiative de donner le commandement à Jourdan, et le Comité ratifia leur choix. Ils complétèrent cette mesure en faisant table rase des généraux que les premières opérations avaient révélés trop timides ou trop maladroits. Desjardins, Charbonnier, Ferrand, Fromentin, Vézu furent envoyés dans l'intérieur et disparurent, au moins momentanément, de la scène ; Jacob alla commander à Guise ; Favereau dut y organiser une division de conscrits ; Despeaux alla rejoindre Pichegru. — Le nouveau général en chef organisa ses forces actives en trois corps :

Aile droite : Marceau (armée des Ardennes).	Division	Marceau (ex-Vézu)......... Mayer................	20 000 hommes.
Centre : Jourdan (armée de la Moselle).	Division — — — —	Championnet............ Morlot................ Lefebvre.............. Hatry................ Dubois (cavalerie)........	40 000 hommes.
Aile gauche : Kléber (armée du Nord).	Division —	Kléber (ex-Fromentin).... Muller................	18 000 hommes.

Les divisions Schérer (ex-Jacob) et Montaigu (ex-Despeaux),

(1) Voir le croquis n° 2.

formant environ 20 000 hommes, furent chargées de garder la Sambre de Maubeuge à Thuin. En même temps Jourdan faisait réunir par le chef de bataillon du génie Marescot tout le matériel nécessaire au siège de Charleroi. En huit jours les préparatifs furent terminés.

§ 5. — FLEURUS (1).

La première bataille. — Dans sa marche sur Charleroi Jourdan avait laissé à Dinant 6 000 hommes de l'armée de la Moselle pour garder la Meuse et surveiller Namur. Le 6 juin il les rappela et les fit relever par son aile droite. Mais le 8, voulant avoir tout son monde sous la main, il ramena le corps de Marceau à la Fosse, d'où il pouvait facilement déboucher, par Tamines et Auveloix, dans le flanc d'un ennemi marchant de Namur sur Charleroi. La brigade Hardy resta seule à Dinant.

Le 12 juin l'armée entière passa la Sambre, la droite à Tamines, le centre à Châtelet et Pont-la-Loup, la gauche à Marchienne-au-Pont. L'ennemi n'opposa qu'une faible résistance et Charleroi fut aussitôt investi. La division Hatry fut chargée du siège et mit de suite en batterie les 17 pièces de gros calibre dont on disposait. Le reste de l'armée se rangea uniformément sur un vaste demi-cercle autour de la ville, la droite à Lambusart et au bois de Copiaux, le centre à Hépignies et à Gosselies, la gauche à Fontaine-l'Évêque. De ce côté, la division Kléber, rangée le dos à la Sambre, formait potence. Ces 70 000 hommes, répartis sur un front de 24 kilomètres, ne pouvaient présenter nulle part de résistance sérieuse : l'événement se chargea de le prouver.

Le 15 juin le prince d'Orange, renforcé par Beaulieu, quittait son camp de Nivelles avec environ 60 000 hommes et attaquait le lendemain les positions françaises sur quatre colonnes :

La première (prince de Reuss, 14 bataillons, 23 escadrons) devait se porter sur Lambusart et Fleurus ;

La deuxième (Beaulieu, 9 bataillons, 16 escadrons) marchait sur Hépignies et Gosselies ;

---

(1) Voir le croquis n° 29 et l'étude du capitaine (aujourd'hui général) HARDY dans le *Journal des Sciences militaires*, 1876.

La troisième (Alvinczy, 8 bataillons, 12 escadrons) avait également Gosselies pour objectif ;

Enfin la quatrième (Wartensleben, 9 bataillons, 10 escadrons) devait attaquer notre gauche vers Trazegnies et Marchienne-au-Pont. Le principal effort de l'ennemi se portait sur notre droite.

Jourdan, sentant tous les défauts de sa position d'attente et instruit des mouvements de l'ennemi, avait donné des ordres pour marcher le 16 à sa rencontre, lorsque l'attaque du prince d'Orange le prévint. Elle eut lieu à quatre heures du matin sur toute la ligne, au milieu d'un brouillard épais. A notre droite Marceau dut, après une défense vigoureuse contre des forces très supérieures, se replier dans les bois qui bordaient la Sambre, et permit ainsi au prince de Reuss de porter une partie de ses forces sur Ransart. Lefebvre et Championnet, menacés d'être tournés, durent abandonner Fleurus et Hépignies, tandis que Morlot, après avoir pris et perdu trois fois le village de Pont-à-Migneloup, reculait sur Gosselies. Tous trois prirent position entre le bois de Lambusart et le moulin de Jumet. A notre gauche Kléber, débouchant de Fontaine-l'Évêque dans le flanc de la quatrième colonne, conduite par Orange en personne, l'avait rompue et rejetée en désordre sur Nivelles. Il se préparait à marcher sur ce point quand un ordre de Jourdan l'appela au secours du centre compromis ; mais il était trop loin pour arriver à temps. Une charge vigoureuse de deux régiments de cavalerie, conduite par Jourdan lui-même, venait de dégager la division Morlot, quand Alvinczy, ralliant les deux colonnes du centre, les jeta en masse sur la division Lefebvre qui venait de réoccuper Fleurus. Celle-ci ayant épuisé ses munitions, dut reculer sur les ponts de Châtelet, ouvrant une trouée dans notre ligne. Marceau, près d'être enveloppé, se replia sur Pont-la-Loup, Championnet et Morlot sur Marchienne. Kléber, qui avait ramené ses divisions sur les hauteurs de Saint-Fiacre, protégea la retraite et effectua la sienne le dernier, « au pas ordinaire et en colonnes serrées », sans que l'ennemi osât l'inquiéter.

Malgré le brouillard épais, qui n'avait pas cessé d'envelopper les deux armées et avait rendu fort difficile la conduite de la bataille, cette retraite s'était effectuée en bon ordre ; mais la journée nous coûtait 4 000 hommes, contre 3 000 à l'ennemi.

La seconde bataille. — La position. — Jourdan, soutenu par les représentants Saint-Just, Guyton et Gillet, ne se laissa pas abattre par cet insuccès. Dès le 18 juin, ayant reçu des vivres et des munitions d'Avesnes et de Maubeuge, il prit ses dispositions pour un sixième passage de la Sambre. Le prince d'Orange, croyant sans doute les Français rebutés, n'avait laissé sur la rivière qu'une faible avant-garde et avait regagné son camp de Nivelles (1). Charleroi fut donc investi une troisième fois, dans la soirée du 18, sans grande résistance, et les travaux du siège repris activement. Saint-Just, mécontent des lenteurs de l'artillerie, fit guillotiner un capitaine dans la tranchée (2) et le feu devint bientôt si intense, qu'après une sortie infructueuse (24 juin), le commandant de la place, Regnac, intimidé, se rendit à discrétion (25 juin) (3). La garnison, forte de 2700 hommes, venait à peine de défiler, qu'on entendit le canon vers Fleurus : c'était Cobourg qui annonçait son approche.

Jourdan avait fait prendre aux troupes de couverture à peu près les mêmes positions que la première fois, mais la répartition en était meilleure. Le gros des forces était massé vers Fleurus, où la nature du terrain engageait l'ennemi à porter ses plus fortes masses ; quatre divisions (Marceau, Mayer, Lefebvre, Championnet) défendaient le front bois de Copiaux-Hépignies, ayant en seconde ligne la division Hatry et la cavalerie de Dubois. Sur le front nord, couvert par des marais, et sur le front ouest, couvert par le Piéton et des hauteurs échelonnées faciles à défendre, deux divisions (Morlot et Montaigu) et une brigade (Daurier) détachée du corps de Schérer qui gardait la Sambre en amont de Charleroi, s'étendaient sur un espace de 14 kilomètres, de Pont-à-Migneloup au calvaire d'Anderlues, ayant comme réserve générale vers Jumet la division Kléber. Des redoutes

---

(1) Beaulieu s'était retiré sur Namur.
(2) Voir sur cet acte, aussi barbare que peu justifié, le récit de SOULT (I, 156).
(3) On trouva dans la place 44 pièces de siège et 4 de campagne.

des abatis et, derrière Lambusart, des lignes de retranchements continues, couvraient le front des divisions.

L'ensemble des forces disponibles s'élevait à 102 bataillons et 70 escadrons, formant un total de 80 000 hommes (1). (Voir le tableau de la page 244.) Pour la première fois depuis la création des divisions, celles-ci présentaient une composition *uniforme*, savoir :

2 brigades d'infanterie à 6 bataillons ;
2 régiments de cavalerie à 3 escadrons ;
1 division (batterie) d'artillerie légère (en dehors des pièces de bataillon).

Soit en tout 12 bataillons et 6 escadrons, donnant un effectif moyen de 8 à 9 000 hommes. Pour la première fois aussi *sur un même champ de bataille* (et la promptitude du fait est à signaler) on avait senti la nécessité de grouper plusieurs divisions sous le commandement supérieur d'un des divisionnaires du groupe (2) ; commandement souvent illusoire et difficile à exercer, mais qui, dans les mains d'un Marceau ou d'un Kléber, pouvait contribuer puissamment à l'unité d'action.

En dehors de ces forces destinées à l'attaque de Charleroi, Schérer avec sa division (affaiblie de la brigade Daurier) et celle de Muller gardait la Sambre, de Marpent à Thuin, tandis que Favereau défendait Maubeuge avec des bataillons de nouvelle formation venus de l'intérieur.

En somme, malgré les corrections apportées au dispositif du 16 et les idées d'économie de forces qui avaient certainement hanté l'esprit de Jourdan dans la répartition de ses troupes, la position défensive adoptée par lui était loin d'être bonne et digne des théoriciens du xviiie siècle. Ce camp retranché en arc de cercle, s'étendant sur un front de 24 kilomètres et adossé à une rivière,

---

(1) Le capitaine Hardy (*Journal des Sciences militaires*) donne 64 000 fantassins et 11 000 cavaliers, soit 75 000 hommes, mais sans fournir malheureusement les états de situation. Les chiffres indiqués par nous sont ceux de Jomini. — Trois jours avant la bataille, Saint-Just voulait contraindre Jourdan à envoyer 30 000 hommes à Pichegru : Jourdan refusa d'obéir et décida ainsi du sort de la campagne (Soult, 1, 158).

(2) Les groupements effectués précédemment se rapportaient à des divisions opérant sur des points très éloignés les uns des autres ou appartenant à des armées différentes.

Situation de l'armée française le 25 juin au soir. — Commandant en chef : JOURDAN. — Chef d'état-major : ERNOUF.

CORPS	DIVISIONS.	Bataillons.	Régiments de cavalerie.	EFFECTIFS.	EMPLACEMENTS.	OBSERVATIONS.
Aile droite : Marceau.	Marceau.......	10	2	7 961	De la cense (ferme) la Baraque à la Sambre. Postes avancés : Baulet, Wansersée et Velaine. Des détachements gardent les passages de la Sambre à Ham-s.-S., Floresse, Auvelois et Tamines.	La brigade Hardy (6 bataillons de la division Marceau 4.000 hommes) est détachée à Dinant pour garder la Meuse et la ligne de retraite sur Longwy.
	Mayer.........	12	2	8 517		
	Lefebvre.......	14	2	8 815	Entre les bois de Fleurus et de Lépinoy. Postes avancés : Fleurus et Lambusart. En avant d'Hépignies.	Le front est couvert par une ligne continue de retranchements. Redoutes à Fleurus et à Lambusart. Grosse redoute, abatis.
Centre : Jourdan.	Championnet...	12	2	9 088	Poste avancé : redoute en avant de St-Fiacre.	
	Hatry..........	12	2	11 064	En réserve des deux précédents entre Ransart et Soleillemont.	Rendue disponible par la reddition de Charleroi, elle prend sa position le 26 au matin.
	Dubois (cavaler.)		4	2 713	En réserve en avant de Ransart.	Couverte par des marais et des redoutes.
	Morlot.........	12	2	8 578	En avant de Gosselies.	
Aile gauche : Kléber.	Kléber.........	12	2	9 969	En réserve derrière Gosselies; sa gauche occupe tous les passages du Piéton.	
	Montaigu.......	12	3	8 358	En avant de Courcelle, la gauche à Trazégnies.	Couvre Marchienne-au-Pont où se trouvent le quartier général et le grand parc. Remplace la division Muller passée aux ordres de Schérer.
	Brigade Daurier.	6	2	5 904	En avant de Fontaine-l'Évêque, au calvaire d'Andertues.	Est détachée du corps de Schérer.
		102	23 (1)	80 967(2)		(1) Formant 70 escadrons.
Corps détaché Schérer.	Muller.........			8 600	Vers Thuin et Solre, gardant la Sambre.	(2) Dont 68 000 fantassins et 12 000 cavaliers avec environ 100 pièces.
	Schérer........			5 000		
	Favereau.......			10 000	Garnison de Maubeuge.	

pouvait être forcé en plus d'un point et changer, par sa situation, un échec en désastre. En effet, un effort puissant, tenté par l'ennemi vers Fontaine-l'Évêque et Marchienne-au-Pont, risquait de nous couper de la Sambre, nous rejetait dans tous les cas sur Tamines et Auveloix et permettait aux alliés de nous devancer sur la route de Philippeville, peut-être même de Dinant (1). Heureusement pour nous les alliés n'y songeaient pas, et c'était du côté le mieux défendu, vers Fleurus et Lambusart, que le prince de Waldeck, qui venait de remplacer Mack comme chef d'état-major général, allait porter le principal effort de ses troupes.

Le plan d'attaque. — Dès le 20 juin le prince d'Orange et Beaulieu s'étaient reportés en avant pour tâter nos positions et s'étaient avancés, le premier de Nivelles à Herlaymont, le second de Namur à Sombreffe. Mais Kléber, marchant aussitôt à la rencontre du prince d'Orange avec ses deux divisions et la cavalerie de Dubois, l'avait délogé d'Herlaymont et poursuivi jusqu'à Seneffe. Puis il s'était replié sur le Piéton. — Le 21, une nouvelle attaque d'Orange sur le Piéton et Trazégnies fut repoussée, tandis que Championnet et Dubois, débouchant sur les Quatre-Bras, en chassaient Beaulieu et le poursuivaient jusqu'à Genappe. Jourdan, ne se voyant pas sérieusement inquiété, se proposait déjà de détacher Kléber avec 36 000 hommes pour débloquer Maubeuge, quand la nouvelle de grands mouvements de troupes vers Nivelles lui fit renoncer à son projet.

Le 23 juin, en effet, Cobourg était arrivé à Nivelles avec le contingent anglais et la réserve autrichienne. Au lieu de marcher de suite sur Charleroi, il donna un jour de repos à ses troupes épuisées par une marche rapide (2), et ne fit, le 25, que canonner les positions françaises pour les reconnaître. Ces

(1) On est aussi en droit de se demander, en présence des événements qui se produisirent au cours de la bataille, ce qui serait arrivé si Jourdan avait dû la recevoir avant d'être maître de Charleroi. Marescot et Jean de Montfort, qui assistaient au siège, estiment que si la place avait tenu davantage, le résultat de la lutte aurait pu être tout différent. « Le sort de la France, dit le dernier, a tenu à ce que le gouverneur de Charleroi s'est rendu un quart d'heure trop tôt. » Voir Fouquart et Finot, II, 406.
(2) Elles étaient venues de Tournay à Nivelles (80 kilomètres) en deux étapes.

lenteurs perdirent Charleroi, dont il n'apprit la capitulation que pendant la bataille du lendemain.

Le 26 juin, à trois heures du matin. Cobourg, renforcé par une partie des garnisons de Landrecies, Condé et Valenciennes et disposant de 103 000 hommes, attaqua l'armée française en cinq grands corps ainsi composés :

COMMANDANTS.	LIEUTENANTS.	Bataillons.	Compagnies d'infanterie légère.	Escadrons.	Pièces de réserve.	EFFECTIFS	OBJECTIFS.
Prince hérédre d'Orange. 1er corps (droite).	Fd-ml lt La Tour.	24		32	32	39 000	Trazégnies-Fontaine-l'Évêque.
Fd-ml lt Quasdanowich.. 2e corps (centre).		7		16	14	12 500	Gosselies - Hépignies.
Fd zs mr Kaunitz....... 3e corps (centre).		8		18	17	14 200	
Arch. Charles......... 4e corps (gauche).	Fd-ml lt Werneck.	7	4	16	18	14 000	Fleurus.
Fd-ml lt Beaulieu...... 5e corps (gauche).	Fd-ml lt Schmerzing.	11	10	22	31	23 000	Lambusart.
		57	14	104	112 (1)	102 700 (2)	(1) Sans compter les pièces de bataillon. (2) Dont 85 000 fantassins et 18 000 cavaliers.

En somme, au lieu de porter ses efforts sur une des ailes de Jourdan pour le couper du fleuve, Cobourg se bornait, suivant l'usage du temps, à une vaste attaque parallèle.

L'engagement. — L'action commence par une longue et violente canonnade.

A notre gauche, Orange partage son monde en trois colonnes : la première (prince de Waldeck, 10 bataillons, 16 escadrons) doit attaquer Trazégnies; la deuxième (prince Frédéric d'Orange (1), 11 bataillons, 8 escadrons) marche sur Fontaine-l'Évêque; la troisième (Riesch, 3 bataillons, 8 escadrons) forme liaison entre les deux précédentes.

Vigoureusement assailli, à l'aube, par la première colonne, Montaigu perd Trazégnies et se replie, après trois heures de lutte, sur le bois du Monceau, puis sur Marchienne, où il se barricade sur la rive droite. Une de ses brigades (Poncet) fait sa retraite sur Forchies et le château de La Marche où elle se lie

(1) Frère du précédent.

à Daurier (neuf heures). Celui-ci, après avoir été obligé d'évacuer le calvaire d'Anderlues, puis Fontaine-l'Évêque et Lernes, prend position sur les hauteurs au nord de Landelies et arrête là les progrès de l'ennemi, qui, après avoir poussé jusqu'à Vespe, se borne à un duel d'artillerie. — Entre midi et deux heures, Kléber, qui est rassuré du côté de Gosselies et qui a fait fortement occuper tous les passages du Piéton, se dispose à prendre en flanc les colonnes de Waldeck et de Riesch qui menacent Marchienne. Après les avoir fait canonner, il attaque le bois du Monceau avec la brigade Bernadotte et une partie de la brigade Duhesme, tandis que le reste de cette brigade pousse vers Courcelle et Trazégnies. Orange, menacé d'être tourné, instruit de la reddition de Charleroi et sans nouvelles de sa colonne de droite, ordonne à Waldeck, après une honorable résistance, de se replier sur Herlaymont, entre quatre et cinq heures. — Une heure auparavant le prince Frédéric d'Orange, incapable de percer de Lernes sur Marchienne-au-Pont, avait fait sa retraite sur Anderlues.

Au centre, le deuxième corps ennemi (Quasdanowich), après avoir délogé, non sans peine, les postes avancés de Morlot de Frasne, de la cense Brunehaut, de Mellet et de la redoute au sud, établit ses batteries auprès de ce village et borne son action à une violente canonnade, attendant pour pousser plus loin les progrès de Kaunitz. Voyant sa ligne de bataille enfilée par le feu de l'ennemi, Morlot replie sa droite vers la fin de la journée et l'appuie au bois de Lombuc (1). — Le troisième corps (Kaunitz), après avoir délogé les avant-postes de Championnet de la flèche en avant de Saint-Fiacre, se heurte à la grosse redoute et à la ligne d'abatis qui défendent les abords d'Hépignies et s'arrête pour les canonner, en attendant que le quatrième corps soit arrivé à sa hauteur.

Celui-ci (archiduc Charles), qui s'est dirigé sur Fleurus, échoue

---

(1) Quasdanowich prétend dans son rapport que les Français ont abandonné Gosselies dans le plus grand désordre : Gosselies ne cessa pas d'être occupé. Cependant une partie de la division Morlot dut reculer, faute de munitions, jusque sous les glacis de Charleroi (Voir le *Journal* de FRICASSE, p. 35).

dans toutes ses attaques contre les retranchements de ce village, qui forme poste avancé de la division Lefebvre. Il se décourage déjà quand il voit les bataillons français se replier en échelons sur Lambusart (dix heures et demie) : Lefebvre, en effet, vient d'apprendre que Marceau, accablé par le nombre, a été rejeté sur la Sambre, découvrant complètement son flanc droit.

Beaulieu, d'abord dirigé du Point-du-Jour sur la cense Fays et Lambusart où l'on croit que s'appuie la droite française, s'est rejeté plus à l'est en s'apercevant que cette droite se prolonge jusqu'à Auveloix. Après avoir fait filer sur ce dernier point une colonne légère (Walsch, 4 compagnies) il attaque Marceau, à trois heures du matin, en trois divisions :

La première sous ses ordres directs (6 bataillons, 3 compagnies légères, 10 escadrons et 25 pièces de réserve) et la deuxième, sous Schmerzing (3 bataillons, 3 compagnies légères, 7 escadrons, 6 pièces de réserve) se dirigent sur Wansersee, Velaine et le bois de Baulet; la troisième, sous Zopf (2 bataillons, 5 escadrons), doit tourner ces positions en longeant la Sambre.

Après quatre heures de lutte, tous les postes avancés de l'aile droite française sont enlevés et Marceau doit se replier dans les retranchements du bois de Copiaux, où il prolonge la résistance jusqu'à onze heures. A ce moment, menacé sur ses derrières par Zopf qui s'approche de Tamines, assailli de front par des forces doubles des siennes et sur le point d'être coupé de Lefebvre par la première division de Beaulieu qui s'est emparée de la Baraque, il est rompu et ses troupes rejetées dans le plus grand désordre, partie sur Tamines et le bois de Lépinoy, partie sur Lambusart (1). Beaulieu, poursuivant son succès, pousse ses deux premières divisions sur Lambusart, tandis que l'archiduc Charles, qui a occupé Fleurus, se dirige sur la cense Campenaire pour tourner le village par la gauche.

La phase décisive. — Entre midi et une heure la situation est critique à notre droite. Non seulement la défaite de Marceau expose Lefebvre aux efforts convergents des quatrième et cin-

---

(1) Soult, 1, 161 seqq.

quième corps autrichiens, mais le troisième, à la vue des progrès de ceux-ci, a repris son attaque sur Hépignies, et Championnet, sur de faux renseignements, a commencé à abandonner ses retranchements.

Jourdan fait face à tout avec beaucoup de coup d'œil. Il déploie lui-même la cavalerie de Dubois dans la trouée entre Lambusart et Wagnée, où les escadrons de l'archiduc et de Kaunitz tentent de déboucher, et la fait soutenir par 3 bataillons d'Hatry et 4 batteries légères. Championnet réoccupe la redoute d'Hépignies et le mouvement de Kaunitz est enrayé. Le reste de la division Hatry est dirigé vers le bois de Lambusart au secours de Marceau et de Lefebvre.

Celui-ci a déjà fait face au danger. Abandonnant la partie nord de Lambusart, où il ne peut se maintenir en présence de la supériorité de l'artillerie ennemie, il a placé ses troupes légères dans les vergers au sud du village et a fait occuper fortement la ligne de retranchements qui va du bois de Fleurus au bois de Lépinoy. Pour boucher la trouée de ce côté, il a placé en potence ses grenadiers et le 9e chasseurs en les faisant soutenir par une batterie de 12 pièces de la division Marceau. Bientôt Hatry entre en ligne. Tous les efforts de Beaulieu et de l'archiduc Charles pour déboucher de Lambusart viennent se briser contre les retranchements de Lefebvre. A la troisième attaque le feu prend aux blés et aux baraques du camp; on se bat dans « une plaine de flammes ». Profitant de la fumée pour dérober ses mouvements à l'ennemi, Lefebvre fait attaquer Lambusart à la fois de front et de flanc et en rejette définitivement les Autrichiens, tandis que Marceau réoccupe les bois de Lépinoy et de Copiaux (cinq heures).

Cette vigoureuse attaque, coïncidant avec celle de Jourdan vers Wagnée, jette la droite ennemie, épuisée par quatorze heures de lutte, dans un grand désordre et le général en chef, délivré d'inquiétude de ce côté, porte son centre en avant. Vigoureusement abordés par les divisions Championnet et Morlot et la cavalerie de Dubois, les corps de Kaunitz et de Quasdanowich doivent reculer en combattant sur les Quatre-Bras. A ce moment (sept heures)

Cobourg, qui a appris la reddition de Charleroi, juge la bataille perdue et ordonne la retraite générale. — Elle s'effectua en bon ordre sur Marbais, Genappe et Braine-l'Alleud, sous la protection du corps de Kaunitz; la cavalerie de Dubois, lancée par Jourdan sur les traces de l'ennemi, dut bientôt s'arrêter devant l'écrasante supériorité des escadrons autrichiens. Jourdan avait perdu plus de 6 000 hommes; Cobourg 10 000, dont 3 000 prisonniers.

La victoire de Fleurus, qui excita en France le plus grand enthousiasme, allait décider du sort de la campagne. Indépendamment de l'activité et du coup d'œil dont Jourdan avait fait preuve pour corriger des dispositions fautives, elle était due en grande partie à la maladresse de l'attaque de Cobourg, qui avait voulu être fort partout, et au manque d'initiative et d'entrain de certains sous-ordres, comme Quasdanowich, Kaunitz et le prince d'Orange. « Il est probable, comme le remarque Jomini, que si les trois colonnes du prince d'Orange, au lieu de se retirer sur Forchies, se fussent liées avec celle de Quasdanowich pour attaquer Gosselies et Jumet, tandis que Kaunitz, l'archiduc et Beaulieu se seraient réunis contre Fleurus, la bataille eût été gagnée par les alliés. » D'ailleurs, malgré leurs fautes, peu s'en fallut qu'elle ne tournât à notre préjudice « et Cobourg donna l'ordre de se retirer au moment où un effort simultané de ses corps lui eût peut-être valu la victoire (1) ».

Par décret de la Convention du 29 juin, mis à l'ordre de l'armée réunie sur la Sambre le 2 juillet :

L'armée des Ardennes,

La gauche de l'armée de la Moselle,

Et la droite de l'armée du Nord

recevaient la dénomination de *Armée de Sambre-et-Meuse*. Ce devait être la plus belle de la République.

---

(1) Notons la première apparition d'un ballon captif construit par Guyton de Morveau et Coutelle, capitaine d'une compagnie d'aérostiers. Pendant quatre heures, le général Morlot put suivre, à 360 mètres au-dessus du moulin de Jumet, tous les mouvements de l'ennemi. Coutelle, qui le monta ensuite, put observer les mouvements de sa droite et rendre compte de sa retraite. Au dire de Soult, au contraire, il ne servit à rien (I, 171). — Le ballon de Fleurus, pris en 1796 à la bataille de Wurzbourg, est aujourd'hui à l'arsenal de Vienne.

§ 6. — LA CONQUÊTE DE LA BELGIQUE.

La jonction. — Une faute du Comité de Salut public et une faute de Jourdan faillirent remettre tous les succès en cause.

On a vu que Pichegru, après la victoire d'Hooglède et la reddition d'Ypres, s'était rapproché de la Lys dans l'intention de la franchir ainsi que l'Escaut et de se porter sur les communications de Cobourg attaqué de front par Jourdan. Le projet était excellent et pouvait donner des résultats décisifs. Laissant Moreau marcher sur Bruges et Souham poursuivre Clerfayt sur Gand (combat de Deynse), Pichegru avait passé la Lys à Deynse avec le gros de ses forces et était venu camper le 27 juin devant Oudenarde (1). Soudain, le 28, un ordre impératif du Comité lui prescrivit de s'emparer d'Ostende : l'occupation de cette ville devait être le point de départ d'une opération projetée contre l'île de Walcheren !

De son côté Jourdan avait pris de fort mauvaises dispositions pour refouler les alliés sur Bruxelles (2). Au lieu de s'avancer avec toutes ses forces dans la main, il les avait dispersées en éventail autour de Charleroi, en portant le gros de ses forces vers Mons. Il avait dirigé sur ce point les divisions Lefebvre et Duhesme (ex-Kléber) par Rœulx, la division Montaigu par Binche, la division Schérer par Jeumont, la division Favereau par Maubeuge, que la victoire de Fleurus avait débloqué, le tout sous le commandement supérieur de Kléber. En même temps il avait porté Morlot sur Seneffe, Championnet sur Genappe, Marceau, Mayer et Hatry entre la route de Gembloux et la Sambre. C'était vouloir se faire battre en détail par un ennemi un peu résolu, que le faux mouvement de Pichegru sur Ostende aurait rendu libre de tous ses mouvements.

---

(1) Voir le croquis n° 30.
(2) La direction de retraite lui avait été imposée par les Représentants ; la vraie direction à prendre était celle de Namur, par laquelle on menaçait les communications de Cobourg (Soult, 1, 174).

Cobourg heureusement n'y songeait pas. Pour couvrir Bruxelles, il avait dispersé ses corps sur toutes les routes qui y conduisaient. Le prince d'Orange était à Mons, Davidowich, précédemment chargé du blocus de Maubeuge à Rœulx, lui-même à Braine-l'Alleud, Beaulieu et Quasdanowich vers Sombreffe et Gembloux. Si l'on ajoute que York, resté à Tournay après le départ de Cobourg, s'était replié sur Renaix et que Clerfayt était toujours à Gand, on voit que l'armée alliée, disséminée sur une étendue de 40 lieues, ne pouvait opposer nulle part une résistance sérieuse.

Lefebvre délogea donc Davidowich de Rœulx et de Braquignies (1er juillet); Schérer et Montaigu culbutèrent le même jour le prince d'Orange des retranchements du Mont-Palisel, en arrière de Mons, après un combat sanglant, et firent leur entrée dans la ville au moment où Favereau y pénétrait d'un autre côté. Kléber et Lefebvre se rabattirent sur Braine-l'Alleud, et Cobourg, inquiet pour ses communications, se mit en retraite le 6 juillet sur Corbais. Il laissa à Nivelles une arrière-garde, qui fut culbutée par Dubois et Morlot, et fut remplacé dans son camp par Orange venant de Hal. A peine arrivé à Braine-l'Alleud, celui-ci fut vigoureusement assailli par Dubois, Morlot et Lefebvre convergeant sur ce point, coupé de Cobourg et rejeté sur Bruxelles (7 juillet).

A notre droite les opérations avaient moins bien commencé, et Hatry et Mayer avaient échoué dans leurs premières tentatives pour déloger Beaulieu et Quasdanowich des hauteurs de Sombreffe. L'attaque reprise le 7 juillet réussit enfin, après une lutte sérieuse, qui coûta 1 200 hommes aux Français et 3 000 à l'ennemi, et Beaulieu, coupé de Namur, se retira sur Jodoigne. Cobourg, découvert sur ses deux ailes, abandonna son camp de Corbais et porta le 9 son quartier général à Tirlemont. La route de Bruxelles était ouverte.

Pendant ce temps Pichegru, se conformant à l'ordre malencontreux du Comité de Salut public, avait rétrogradé sur Ostende et y était arrivé le 1er juillet. Son armée active avait à cette époque la composition suivante :

Division Souham	22 000 hommes.
— Moreau	20 000 —
— Despeaux	10 400 —
— Bonnaud	10 800 —
— Thierry (général de brigade)	11 700 —
— Osten (général de brigade)	9 700 —
Total	84 600

La division Michaud, qui en faisait partie, fournissait les garnisons des places de la Flandre.

Lord Moyra, récemment débarqué à Ostende avec 5 000 Anglais, les avait conduits à Clerfayt et n'avait laissé dans la ville qu'une faible garnison, qui s'embarqua à l'approche des Français, abandonnant d'immenses magasins. Pichegru, ayant rempli sa mission, se mit en marche sur Gand dès le 3 juillet, avec 5 divisions, laissant à Moreau le soin de prendre Nieuport et l'Écluse. Le 9 juillet, il arrivait en vue de Bruxelles, refoulant devant lui York et Clerfayt, tandis que l'avant-garde de Jourdan s'y présentait venant du sud. Orange, qui les y avait précédés après sa défaite de Braine-l'Alleud, prit avec York la route de Malines, tandis que Clerfayt rejoignait Cobourg vers Tirlemont. Jourdan laissa à Pichegru, son chef nominal, la gloire de faire le 10 juillet une entrée triomphale à Bruxelles.

La séparation. — Mais par un manque de concert, dont le tort semble incomber tout entier à Pichegru et au Comité, la jonction des armées du Nord et de Sambre-et-Meuse ne produisit aucun résultat décisif. Une seule marche en masse de Bruxelles sur Cologne eût fait tomber toutes les lignes de défense et nous eût donné tout le pays jusqu'au Rhin : il n'en fut pas question. Sans doute pour des raisons de mesquine rivalité entre les chefs, les deux armées à peine réunies se séparèrent : Pichegru, avec 60 000 hommes, suivit les Anglo-Hollandais vers Malines et Anvers; Jourdan, avec 90 000, suivit les Autrichiens vers Liége.

Le premier opéra maladroitement et mollement. Le 15 juillet, il franchissait la Senne à Hombeck, en face de Malines, attaquait les Hollandais et les Hanovriens retranchés derrière le canal de Louvain et les rejetait derrière la Nèthe ; le soir même il entrait à la suite de l'ennemi dans Malines. Mais au lieu de poursuivre ses succès et de profiter de la dispersion des divisions d'York et d'Orange, Pichegru, sous le prétexte d'organiser les approvisionnements, donna huit jours de repos à ses troupes et les ennemis profitèrent de son inaction pour parer au danger. Les Hessois et le corps de Lord Moyra gardèrent la basse Nèthe, York se concentra à Contich et les Hollandais à Bevel. Le 17 juillet Pichegru exécuta bien une tentative de passage de la Nèthe, mais il ne fit que l'esquisser, et au lieu de prendre comme objectif Lierre, ce qui lui aurait permis de couper la retraite au duc d'York, il l'opéra vers Baelhem, sur la route directe d'Anvers. Cette simple démonstration fit reculer les Hollandais jusqu'à Bréda, abandonnant les Anglais à leur sort. Le 24 juillet seulement, Pichegru se décida à marcher sur Lierre : mais déjà York avait suivi les Hollandais et le général français entra sans résistance le 27 à Anvers, que la garnison évacua à son approche. Le même jour (9 thermidor) tombait Robespierre. Pichegru, attendant le contre-coup de ce grave événement politique, prit position sur la Marck, de Turnhout à Meerle, et les opérations s'arrêtèrent pendant un mois.

Tandis que son collègue opérait vers le nord, Jourdan s'était avancé vers l'est, poussant sa gauche (Kléber) sur Louvain, son centre sur Jodoigne, sa droite (Marceau) sur Namur. Après un assez vif combat qui se prolongea jusque dans les rues de la ville, les Autrichiens, délogés de la Montagne-de-Fer, abandonnèrent Louvain (15 juillet). Le lendemain, Marceau entra à Namur après quelques coups de canon, et, passant la Meuse, se dirigea sur Huy par la rive droite. Cobourg, voyant ses communications menacées, se hâta de repasser le fleuve à Maëstricht, Reckheim et Stockheim, ne laissant sur la rive gauche que le corps de Kray (12 000 hommes) en avant de Maëstricht, et la division La Tour (6 000 hommes, corps de Beaulieu) en avant de Liége, pour couvrir sa retraite. Le 27, Jourdan entra dans cette dernière ville à la tête de son centre, après un combat d'avant-garde ; le général autrichien prit position sur les hauteurs de la rive droite et commença à canonner les faubourgs ;

mais il fut bientôt contraint de cesser son feu et se replia le lendemain sur Aix-la-Chapelle.

De ce côté également la chute de Robespierre arrêta les opérations. Jourdan prit position la droite à Liége, la gauche à Diest, avec des postes avancés à Tongres et à Hasselt et couvert sur sa droite par Marceau à Strée, en avant de Huy.

Les sièges. — Pendant que les armées actives chassaient les alliés de la Belgique, une double série de sièges avait lieu, l'une en Flandre, l'autre sur la frontière du nord.

Après la prise d'Ostende, Moreau, chargé avec sa seule division de s'emparer de Nieuport, avait investi la place le 5 juillet, et l'avait attaquée par l'ouest, seul côté que l'inondation rendît accessible. La garnison, forte de 3 500 hommes, mit bas les armes, le 19, après quinze jours de siège. — Sur l'ordre des représentants, Moreau se dirigea aussitôt vers le fort de l'Écluse; mais pour en compléter l'investissement il fallait au préalable s'emparer de l'île de Cadzand qui ne communiquait avec la terre ferme que par une digue étroite garnie d'artillerie. Le 28 juillet, Moreau attaqua l'île sur tous les points. Sans attendre la construction du pont, les Français franchirent le canal avec une incroyable audace, les uns à la nage, les autres dans des bateaux, culbutèrent les Hollandais et les obligèrent à se rembarquer en toute hâte. Le 25 août, la place de l'Écluse se rendit après un siège très dur, où les soldats eurent à lutter non seulement contre le feu des remparts, mais contre l'inondation, le mauvais temps et les maladies.

Mais les sièges les plus importants avaient lieu sur la frontière du nord où il s'agissait de réoccuper les villes prises à la fin de la campagne précédente par les alliés.

Il avait d'abord été convenu qu'un détachement de l'armée du Nord reprendrait Valenciennes et Condé, tandis qu'une division de l'armée de Sambre-et-Meuse attaquerait Landrecies et le Quesnoy. Mais le projet fut abandonné par la suite, et la dernière armée fut seule chargée des opérations. C'est ce qui explique la fausse mesure qui fit entreprendre tout d'abord le siège de Landrecies, puis celui du Quesnoy, alors que la prise immédiate de

Valenciennes aurait sans doute fait tomber les autres places.

Dès le 3 juillet Landrecies était investie par le général Jacob avec une division de 8000 hommes tirée des troupes de l'armée de Sambre-et-Meuse laissées sur la Sambre. Mais incapable de conduire un siège, il fut bientôt remplacé par le général Ferrand avec un corps de 15 000 hommes formé des garnisons de Guise et de Cambrai (1). Le commandant Marescot, dirigeant le génie, ouvrit la tranchée dans la nuit du 10 au 11 juillet.

Mais un siège régulier des quatre villes devant coûter la vie à de nombreux soldats, consommer d'énormes quantités de munitions, démanteler des forteresses qu'on voulait conserver et absorber toute une campagne, la Convention essaya d'agir par la terreur et rendit le décret suivant (4 juillet) : « Toutes les troupes des tyrans coalisés renfermées dans les places du territoire français envahies par l'ennemi et qui ne se seront pas rendues à discrétion vingt-quatre heures après la sommation qui leur en sera faite, ne seront admises à aucune capitulation et seront passées au fil de l'épée. » Contraire aux règles de la guerre alors admises, cette déclaration pouvait donner lieu à de terribles représailles, ou pousser les défenseurs de chaque place à une résistance désespérée. Par bonheur, l'effet produit fut excellent et Cobourg démoralisé fit autoriser les gouverneurs à capituler à condition d'avoir la sortie libre.

Le 16 juillet les batteries étant prêtes à ouvrir le feu, le général Schérer, remplaçant Ferrand malade, fit sommer le gouverneur qui se rendit. La garnison, forte de 1500 hommes, fut faite prisonnière de guerre.

Schérer, renforcé par des gardes nationaux du pays qui s'étaient offerts spontanément, se porta aussitôt sur le Quesnoy qu'il investit le 19 juillet : Marescot attaqua le front nord. Mais le siège fut plus dur que le précédent; le gouverneur repoussa fièrement la sommation de Schérer et ne rendit la place que le

---

(1) Douze mille trois cents fantassins et deux mille cavaliers. Un grand nombre de gardes nationaux d'Avesnes et de Maubeuge s'étaient joints spontanément à l'armée.

15 août, offrant de payer de sa tête le salut de la garnison. La Convention ne lui appliqua pas le décret (1).

Le 18 août, Valenciennes était investie. Les alliés avaient dépensé 3 millions pour en relever les fortifications et y avaient mis une garnison de 3 500 hommes. Malgré les terribles difficultés qu'il prévoyait, Marescot, nommé général, commença trois attaques. Le 23 août, le décret de la Convention fut signifié par Schérer au général de Cammeller, commandant la place, et le 27 il se rendait, après avoir obtenu les honneurs de la guerre et la libre sortie, sous serment de ne pas servir avant que la garnison n'eût été échangée. On trouva dans la ville 227 bouches à feu et d'immenses magasins.

Schérer se porta aussitôt sur Condé, investie depuis les premiers jours d'août par une brigade de l'armée du Nord. La place ouvrit ses portes le 30 août aux mêmes conditions que Valenciennes.

La chute de Valenciennes et de Condé excita la plus grande colère chez les alliés, qui ignoraient totalement les instructions envoyées par Cobourg aux gouverneurs. Celui-ci avait choisi le pire de tous les partis, car il fallait soit évacuer les places aussitôt après Fleurus en en détruisant les magasins, soit les défendre à outrance. L'Angleterre, furieuse, arrêta ses paiements.

La belle victoire de Fleurus, cause première de ces derniers succès, n'avait pas seulement ouvert la Belgique à nos armées ; elle avait délivré notre frontière et jeté la dissension parmi nos ennemis.

§ 7. — LA CONQUÊTE DU RHIN.

L'offensive en Hollande. — Le 9 thermidor avait eu un contre-coup très fâcheux sur la conduite des opérations. Non seulement la désorganisation des pouvoirs publics avait jeté le trouble dans l'envoi des ordres et dans la direction des mouvements, mais le coup d'État avait fait disparaître des armées une foule de créatures de Robespierre, hommes d'énergie et d'action

---

(1) La nouvelle de la prise du Quesnoy fut la première dépêche que transmit le télégraphe Chappe.

pour la plupart, dont l'impulsion n'existait plus. Enfin, il s'était produit à un moment où l'administration de la guerre, épuisée par d'incroyables efforts, ne pouvait plus suffire à sa tâche (1).

Le désarroi, l'expectative, le dénûment immobilisèrent pendant un mois les troupes de Pichegru et de Jourdan. Le premier, renforcé par Moreau, disposait de 70 000 hommes; le second, renforcé par Schérer, en avait 116 000. Le nouveau Comité avait prescrit aux deux généraux de ne pas dépasser la Meuse avant la prise des places du nord. Fait inouï, comme le remarque Jomini, mais bien heureux pour nous, les généraux alliés ne surent pas profiter de cette faute pour prendre une détermination quelconque. Ce fut Pichegru qui se remit le premier en mouvement.

Le 10 septembre, cinq jours après la prise de Condé, il quittait ses cantonnements de la Marcq et se mettait en marhce sur Tilburg (2). L'arrière-garde du duc d'York (8 000 hommes), retranchée derrière la Dommel, à Boxtel, fut culbutée après un brillant combat et le général anglais, repassant la Meuse, se replia sur les hauteurs de Mook. Pichegru le suivit avec une extrême lenteur et ne chercha pas à inquiéter sa retraite. Le 23 septembre, après avoir laissé la division Bonnaud devant Grave et détaché la division Moreau sur Ruremonde et Venloo pour s'emparer de ces places et appuyer la gauche de Jourdan, il revint sur ses pas avec les divisions Souham et Delmas pour faire le siège de Bois-le-Duc. Le fort de Crèvecœur, attaqué en même temps, se rendit le 27 septembre et la ville, menacée d'être bombardée, capitula le 10 octobre; la garnison hollandaise eut la sortie libre et abandonna à leur sort les émigrés qui furent fusillés.

Ayant sa ligne d'opérations bien appuyée, Pichegru se décida à se porter contre l'armée anglaise, passa la Meuse vers Teffelen (18 et 19 octobre) et attaqua sur quatre colonnes l'avant-

---

(1) Pendant le second semestre de 1793 les dépenses de la guerre avaient atteint 300 millions par mois, et elles dépassèrent encore ce chiffre pendant le premier semestre de 1794. — Voir TAINE, III, 472.

(2) Voir le croquis n° 31.

garde de Hammerstein, retranchée derrière le canal d'Oude-Watering, entre Druthen et Appeltern. Les deux colonnes des ailes, cheminant sur les digues qui bordent le Wahal et la Meuse, culbutèrent l'ennemi et l'obligèrent à une retraite précipitée (19 octobre). York, déjà retiré sous le canon de Nimègue, repassa le Wahal, laissant dans la ville Wallmoden avec 20 bataillons, et vint prendre position en avant d'Arnheim, où il établit son quartier général. Il disposait encore d'environ 38 000 hommes. Pichegru, malade, alla se faire soigner à Bruxelles et remit le commandement à Moreau.

Celui-ci, comme on l'a vu, s'était porté sur Ruremonde avec sa division, avait occupé cette place, et avait investi Venloo le 8 octobre. Un pont de bateaux construit à Tegelen lui permit d'occuper la rive droite (20 octobre); mais à ce moment il fut appelé à Nimègue pour remplacer Pichegru et laissa au général Laurent la conduite du siège. Disposant à peine de 5 000 hommes pour attaquer une des plus fortes places de la Hollande, renfermant une garnison de 4 000 hommes, Laurent conduisit les travaux avec tant d'activité, que, le 24 octobre, ses faibles batteries étant prêtes, le gouverneur, intimidé par sa sommation, se rendit immédiatement, sous condition de la libre sortie. Cette capitulation avantageuse déplut au Comité du Salut public, peu au courant des moyens dont disposait le général Laurent, et il le remplaça par Vandamme dans le commandement de la division.

Pendant ce temps Moreau, remplaçant Pichegru, s'était porté sur Nimègue et l'avait investi par la rive gauche seulement avec un corps de 20 000 hommes (divisions Souham et Bonnaud et une brigade de Delmas). La présence sur la rive droite de l'armée anglaise, qu'il ne se jugeait pas assez fort pour déloger, l'empêchait d'enserrer complètement la place. Mais plusieurs sorties de la garnison ayant été vigoureusement repoussées, et quelques batteries de pièces de campagne, habilement placées, ayant rompu le pont de bateaux et le pont volant qui reliaient les deux rives (7 octobre), les Anglais de Wallmoden, inquiets pour leurs communications, se hâtèrent de réparer les pontons la nuit suivante, de passer sur la rive droite et de brûler le pont derrière eux. Les Français, prévenus, envahirent la ville et durent eux-mêmes porter secours à 2000 Hollandais abandonnés dans Nimègue, qui essayaient de rejoindre leurs alliés dans des bacs et que ceux-ci criblaient de leur feu.

Werneck, à la tête d'un corps de 40000 Autrichiens à la solde de l'Angleterre, avait tenté de sauver Nimègue par une diversion vers Wesel. Il avait franchi le Rhin et s'était fortifié sur la rive gauche à Buderich. Mais attaqué le 10 novembre par la division Vandamme, il avait été rejeté de l'autre côté du fleuve.

La rigueur de la saison et le dénûment complet des troupes exigeaient de prompts quartiers d'hiver. Mais sur les instances des réfugiés hollandais, surtout du général Daendels, le Comité de Salut public et les Représentants résolurent, contre l'avis de tous les généraux, de mettre à profit l'élan des troupes pour s'emparer de l'île Bommel et du fort Saint-André. L'expédition échoua sur tous les points (12 décembre) et l'ordre arriva d'entrer dans les cantonnements. Les divisions Bonnaud et Lemaire et la brigade Dumonceau durent prendre les leurs autour de Bréda pour en faire l'investissement ; la brigade Salm, laissée seule devant Grave, dut en poursuivre le siège.

Ce repos devait être de courte durée.

La bataille de Sprimont. — Jourdan s'était ébranlé peu après son collègue. En face de lui Clerfayt, remplaçant depuis le 28 août le prince de Cobourg démissionnaire, avait réparti les 83000 hommes dont il disposait sur une ligne très étendue (1) :

Droite....	Werneck...	12 400	hommes,	à Stockheim et Sittard.
	Kray.......	10 800	—	en avant de Maëstricht.
		4 000	—	vers Visé.
Centre....	Clerfayt....	20 000	—	camp de la Chartreuse.
Gauche...	La Tour.....	28 000	—	à Esneux et Sprimont.
		5 000	—	vers Montjoie et Blankenheim.
Réserve...............		2600	—	à Aix-la-Chapelle.
		82 800		

Dans les premiers jours d'août Jourdan avait fait exécuter à la gauche de son armée un quart de conversion à droite et l'avait

___
(1) Voir le croquis n° 32. — Il avait pris Beaulieu pour chef-major.

établie de Tongres à Bilsen ; un camp volant de 6 000 hommes placé à Peer le reliait à l'aile droite de Pichegru, vers Turnhout. La prise des trois places du nord, le Quesnoy, Valenciennes et Condé, ayant décidé le Comité à reprendre les opérations actives, Pichegru se mit aussitôt en mouvement. D'après le plan envoyé le 7 septembre par Carnot, Jourdan, renforcé par le corps de Schérer devenu disponible, devait seconder son collègue en immobilisant Clerfayt derrière la Meuse et en le rejetant, si possible, sur la Moselle ; il devait concerter ses opérations avec le général Moreaux qui commandait de ce côté. Le gain d'une « victoire très complète » sur la Meuse était d'autant plus nécessaire, qu'il permettrait d'entreprendre en toute sécurité le siège de Maëstricht, dont la prise était indispensable pour appuyer la droite de nos conquêtes, couvrir nos quartiers d'hiver, assurer notre débouché l'année suivante et nous ménager une grande place de dépôt.

Les renseignements reçus par Jourdan lui marquant que l'ennemi songeait à franchir la Meuse au nord de Maëstricht, pour se jeter dans la Campine, entre son armée et celle de Pichegru, et les hauteurs de la Chartreuse, en face de Liége, étant inabordables de front, il se décida à le prévenir en l'attaquant du côté opposé et en portant le théâtre de la lutte dans les vallées encaissées de l'Ourthe et de l'Ayvaille. Dès le 12 septembre, il envoyait à Schérer, parvenu à Namur avec 15 000 hommes (divisions Haquin et Mayer), l'ordre de se porter par Durbuy sur l'Ayvaille ; la division Marceau, partant de Strée, dut le rejoindre par Comblaine-au-Pont, et la brigade Bonnet (division Hatry), venant de Liége, dut soutenir son attaque en forçant le passage de l'Ourthe à Esneux. La gauche française était chargée d'une vigoureuse diversion vers Maëstricht.

Le 16 septembre, après de légers engagements à Durbuy et à Comblaine, les différents corps de Jourdan arrivaient à leurs emplacements respectifs. Ils présentaient un effectif de 116 000 rationnaires, dont 103 000 capables d'entrer en ligne. (Voir le tableau de la page suivante.) Mal armés, à peine vêtus, par suite de l'épuisement des finances et de l'inexpérience des ordon-

Situation de l'armée de Sambre-et-Meuse, le 16 septembre 1794.

CORPS.	DIVISIONS.	BRIGADES.	Bataillons.	Régiments de cavalerie.	Compagnies d'artillerie légère.	Compagnies du génie.	EFFECTIFS	TOTAUX.	OBSERVATIONS.
Droite (Schérer).	Haquin	Bastoul / Schemerel	12	1			9 668		
	Marceau	Lorge / Nalèche	6	3			4 852	28 685	La brigade Hardy (6 bataillons, 4 000 hommes) est vers Dinant.
	Mayer	Thory / Lecourbe / Bonnet	12	1/2			8 165		
		Leval	9	1			6 000		Détachée de la division Hatry.
Centre (Jourdan).	Lefebvre	Jacopin / D'Hautpoul / Debelle	13	4	2	1	11 958		
	Championnet	Legrand / Grenier / Lérivint	12	2	1	1/2	10 197	48 104	
	Morlot	Simon / Olivier	12	2	1	1	10 083		
	Hatry	Chapsal / Soland	7	2	1	1	7 586		
	Dubois	Gaudin		7	2		3 239		
	Bollemont (réserve) quartier général						4 945		
	Bernadotte (avant-garde)	Boyer	8	4	2	1	96 9 215		
Gauche (Kléber).	Duhesme (général de brigade), puis Richard	Daurier	10	1		1	7 663	35 608	Total. Infanterie. 94 554 hommes. Cavalerie. 15 253 — Artillerie. 6 593 —
	Montaigu	Boissel	13	2	1		9 961		116 400
	Friant	Brussette / Gency	12	1		1	8 769		(y compris les 4 000 h. de Hardy).

nateurs, ils étaient animés tous du plus ardent patriotisme et donnaient l'exemple d'une superbe discipline (1). Jamais encore la République n'avait eu pareille armée.

Le 17 septembre, tandis que notre cavalerie borde la Meuse jusqu'à Maaseyk, Kléber attaque Kray dans la plaine de Lawfeld et, après un violent combat qui se prolonge jusqu'à neuf heures du soir, l'oblige à se replier sous le canon de Maëstricht avec une perte de 1500 hommes. Clerfayt, inquiet pour sa droite, porte aussitôt de ce côté 12 000 hommes de son centre, et Jourdan, instruit des mouvements de l'ennemi par l'aérostat, envoie aussitôt à Schérer l'ordre d'attaquer.

Le 18 septembre la droite française franchit l'Ayvaille, Marceau à Halleux, Mayer à Ayvaille, Haquin à Sougues (aujourd'hui Sougnes); en même temps Bonnet essaie de forcer le passage de l'Ourthe à Esneux. Les hauteurs très escarpées de la rive droite, garnies de plus de 50 pièces, constituent un sérieux obstacle, mais La Tour les a occupées maladroitement. Des 28 000 hommes dont il dispose, 4 000 sont détachés vers Esneux, 10 000 gardent les bords immédiats de l'Ayvaille, 14 000, dont 3000 cavaliers, sont rangés en bataille très loin en arrière, sur le plateau de Sprimont. — L'attaque a lieu à l'aube avec beaucoup de concert et de résolution. L'infanterie légère, dispersée en tirailleurs en avant des trois colonnes de Schérer, débusque par son feu la première ligne ennemie et permet aux divisions de se déployer en ligne de colonnes de bataillons sur le rebord du plateau, où la deuxième ligne de La Tour, après avoir recueilli la première, attend de pied ferme notre attaque. Marceau, faisant filer sa cavalerie derrière la droite ennemie pour la couper de Liége, culbute bientôt cette aile, au moment même où Haquin, retardé quelque temps à Sougues par une résistance vigoureuse, débordait la gauche. Schérer pousse alors la division Mayer sur le centre qui est bientôt rompu. Le cours de la Vesdre, très encaissé, peut offrir à l'ennemi une seconde ligne de défense excellente; mais aucune précaution

(1) Voir Jomini, liv. VII, ch. 38.

n'a été prise pour l'occuper et La Tour, débordé par notre cavalerie qui tend constamment à le couper de Liége, se replie sur Verviers dans le plus grand désordre. — Il avait perdu 3800 hommes, dont 2000 prisonniers, 36 pièces, 5 drapeaux et tous ses équipages. Notre perte s'élevait à 1200 hommes; sauf les tirailleurs, notre infanterie n'avait pas brûlé une cartouche et n'avait fait usage que de la baïonnette (1).

Clerfayt pouvait le lendemain détacher la moitié de son centre, rallier les débris de La Tour et attaquer Schérer sur la position de Louveigne; il n'y songea pas. Inquiet pour ses communications, il abandonna dans la nuit du 18 au 19 toute la rive droite de la Meuse et se replia sur Aix-la-Chapelle, puis derrière la Roër.

Sur l'ordre du Comité, Jourdan se disposa à suivre l'ennemi avec son centre et sa droite tandis que sa gauche investissait Maëstricht. Cette dernière opération fut terminée le 25 septembre. Kléber disposa les divisions Duhesme et Friant et une brigade de Richard sur la rive gauche, et le reste de ses troupes sur la rive droite (2); le général Marescot dirigea les travaux du génie. La garnison, commandée par le prince Frédéric de Hesse, était forte de 12000 hommes et résolue à se bien défendre.

La bataille d'Aldenhoven. — Clerfayt avait pris derrière la Roër la position déjà occupée par lui l'année précédente et que Dumouriez avait jugée inattaquable. Cette position était en effet très forte. La rive droite de la rivière, bordée de hauteurs escarpées, couronnées de bois, dominait sur tous les points la rive gauche, vaste plaine allant en s'abaissant vers le fleuve. Celui-ci, guéable partout en temps ordinaire, avait été gonflé par les pluies et formait un obstacle sérieux dont les Autrichiens avaient augmenté la force par des travaux d'art et des batteries. Mais si la position était bonne, elle avait été mal occupée. Clerfayt avait disséminé les 70000 hommes dont il disposait encore,

---

(1) Voir le rapport de Schérer dans HARDY, *le Siège de Maëstricht*. (*Journal des Sciences militaires*, 1878.)

(2) Kléber, renforcé le 21 par la brigade Hardy venant de Huy, disposait de 33000 hommes.

après avoir renforcé la garnison de Maëstricht, sur un front de plus de 65 kilomètres, de Nideggen à Roërmonde :

La gauche (La Tour, 30 000 hommes) occupait Düren, les abords de la ville jusqu'au ruisseau de l'Inde et avait sa masse principale dans un camp retranché bâti sur les hauteurs de la rive droite ; un détachement de 4 000 hommes couvrait l'extrême gauche à Nideggen ;

Le centre (Clerfayt, 32 000 hommes) occupait Juliers, Linnich et les hauteurs en arrière, mais tenait avec la moitié de ses forces le plateau d'Aldenhoven qu'il avait couvert de retranchements ;

La droite (Werneck, 13 000 hommes) défendait la Roër vers Ratheim et Effeld et s'étendait jusqu'à Roërmonde. Aucune réserve n'avait été maintenue en arrière et la ligne, forcée en un point, tombait tout entière.

Voyant les Autrichiens s'établir solidement sur la Roër, Jourdan jugea indispensable de les refouler sur la rive droite du Rhin avant d'entreprendre sérieusement le siège de Maëstricht. Ayant appris (29 septembre) que l'armée de la Moselle s'ébranlait enfin sur Kaiserslautern et détachait un corps vers la haute Roër pour se lier à lui, il résolut de se mettre aussitôt en mouvement. Mais il n'avait pas trop de toutes ses forces pour engager cette suprême partie. Duhesme resta donc seul devant Maëstricht avec 16 000 hommes (21 bataillons et 3 régiments de cavalerie, brigades Daurier, Poncet, Hardy et Barjonet) et Kléber avec le reste de ses forces (divisions Bernadotte, Richard et Friant, 28 bataillons, 5 régiments de cavalerie 18 000 hommes), dut marcher par Sittard sur Heinsberg pour prendre la gauche de l'armée, campée entre Kornelismünster et Geilenkirchen.

Le 1ᵉʳ octobre les deux partis étaient en présence ; l'attaque eut lieu le 2. (Voir le tableau de la page suivante.) D'après les dispositions prises par Jourdan Schérer dut se porter sur Düren avec ses 3 divisions disponibles ; Hatry dut franchir la rivière un peu au-dessous, vers Pier, et prendre comme objectif Hambach ; Championnet dut attaquer le plateau d'Aldenhoven, puis Juliers ; Morlot devait se maintenir à hauteur de Championnet et chercher à passer la Roër entre Juliers et Linnich ;

Situation de l'armée française le 1ᵉʳ octobre 1794.

CORPS.	DIVISIONS.	EFFECTIFS.	EMPLACEMENTS.	OBSERVATIONS.
Avant-garde.	Lefebvre	11 958	Rolduc.	
Droite (Schérer).	1ʳᵉ Mayer	8 165	Kornelismünster.	
	2ᵉ Haquin	9 668	»	
	3ᵉ Marceau	8 852	Echweiller.	
	4ᵉ Bonnet (gˡ de brig.)	7 636	Huy, Stavelot, Malmédy.	Cette brigade est restée en arrière pour couvrir le flanc droit (1).
Centre (Jourdan).	5ᵉ Hatry	5 951		
	6ᵉ Morlot	10 083		
	7ᵉ Championnet	10 197	En avant d'Aix-la-Chapelle.	
	8ᵉ Dubois (cavalerie)	3 239		
Gauche (Kléber).	9ᵉ Bernadotte (général de brigade)	9 215	Laissés devant Maëstricht.	Le général Bernadotte a laissé ses troupes à Duhesme et accompagne Kléber dont il commande l'av.-garde.
	10ᵉ Duhesme	7 663		
	11ᵉ Richard	9 961	En marche sur Heinsberg.	
	12ᵉ Friant	8 762		
	Total	111 350		Dont 86 836 présents à la bataille.

(1) JOMINI déclare ignorer (VI, 33, Situation au 25 sept., en note) si cette brigade est restée sur l'Ourthe ou si elle a rejoint la division Hatry. Comme il n'est pas question de Bonnet dans les rapports de Hatry postérieurs au 1ᵉʳ octobre, nous avons adopté la première solution.

Situation de l'armée autrichienne.

CORPS.	BATAILLONS.	ESCADRONS.	EFFECTIFS.	EMPLACEMENTS.
Werneck	13	26	134 00	De Ratheim à Roërmonde.
Kray	19	28	156 00	De Juliers à Linnich.
Corps de bataille	15	34	162 00	A Juliers et Aldenhoven.
La Tour	27	32	228 00	A Düren et Nideggen.
Nauendorf	7	16	86 00	A Blankenheim (2).
	8		70 00	Laissés à Maëstricht.
			83 600	Dont 68 000 présents à la bataille.

(2) Cette division avait été détachée de Liège par Clerfayt, comme on le verra, pour coopérer à la reprise de Trèves.

Lefebvre fut dirigé sur Linnich même; enfin Kléber (2 divisions) devait forcer le passage vers Orsbeck et Ratheim, en se reliant par Randerath à Lefebvre. La cavalerie de Dubois devait soutenir en seconde ligne Championnet et Morlot (1).

Cette immense attaque parallèle, ne révélant aucun sentiment

(1) Voir l'ordre général donné par Jourdan dans SOULT (*Pièces justificatives*, I, 235.)

de l'économie des forces et calquée sur le dispositif de l'ennemi, était de nature par elle-même, malgré notre supériorité numérique, à pallier les fautes de Clerfayt. De plus, aucune reconnaissance préalable des points à attaquer n'avait été faite. Certaines divisions allaient frapper dans le vide, comme Haquin, Hatry, Morlot; d'autres allaient se heurter à des obstacles imprévus; enfin l'une d'elles, celle de Championnet, allait supporter seule tout l'effort du centre des Autrichiens. Les objectifs distincts assignés à chaque division devaient rendre fatalement l'attaque décousue, malgré l'ordre donné par Jourdan aux différents chefs de s'appuyer réciproquement. — L'ardeur des troupes, l'énergie des divisionnaires, surtout la passivité de Clerfayt allaient corriger dans l'exécution les vices de la conception.

Les corps, formés en colonnes de demi-brigades serrées par division, s'ébranlent à cinq heures du matin au milieu d'un épais brouillard. Mais leurs points de départ respectifs ayant été choisis *beaucoup trop loin de la Roër*, ils n'atteignent que fort tard les points de passage assignés.

A l'aile droite Marceau arrive vers midi en face de Düren et de Mirweiler, mais doit attendre que les divisions Haquin et Mayer, dirigées beaucoup plus bas, l'une sur Winden, l'autre sur Lengersdorf, soient entrées en ligne. La première, retardée dans des chemins difficiles, ne débouche des bois de Burkau, sur l'autre rive de la Roër, qu'à la nuit tombante et ne prend aucune part à l'action. La seconde franchit la rivière à Lengersdorf vers trois heures, replie l'aile gauche ennemie dans son camp retranché et prend position en face d'elle. Marceau attaque alors (quatre heures) Düren et Mirweiler, s'en empare après un violent combat, mais ne peut en déboucher devant le feu terrible que La Tour dirige sur lui des hauteurs. L'apparition de Haquin sur son flanc gauche, vers sept heures, décide le général autrichien à se replier dans son camp, qu'il abandonne pendant la nuit. Schérer bivouaque autour de Düren.

Au centre Hatry passe l'Inde à Inden et se porte sur Merken devant lequel il s'arrête à huit heures du soir sans avoir tiré un coup de fusil, ne jugeant pas possible d'atteindre Düren, où Jourdan l'a dirigé. Championnet attaque vers trois heures les redoutes d'Aldenhoven, s'en empare après deux heures de lutte, mais est arrêté par le canon de Juliers. Morlot, après un court engagement, s'arrête devant Coslar et Barmen, et Lefebvre devant Linnich, que l'ennemi a incendié.

A l'aile gauche, Kléber se heurte vers Ratheim à des retranchements très sérieux qui l'immobilisent toute l'après-midi. Ce n'est que vers cinq heures que son avant-garde, passant la Roër à gué avec de l'eau jusqu'à la ceinture, parvient à en déloger l'ennemi, qui exécute sa retraite à la faveur de l'obscurité.

Pendant la nuit de nombreux ponts furent jetés sur la Roër et Jourdan se disposait, le 3 au matin, à recommencer la lutte, quand le brouillard se dissipant lui fit constater la retraite de l'ennemi. Clerfayt, affaibli de 8 000 hommes, avait jugé prudent de mettre le Rhin entre lui et l'armée française. Il exécuta le passage du fleuve à Mülheim, au-dessous de Cologne, du 4 au 6 octobre, avec « une armée tellement désorganisée, avoue le ministre de l'électeur palatin, que les chefs avaient toute la peine possible à retenir leurs soldats ». Dès le 3 octobre Juliers avait ouvert ses portes. Jourdan dirigea aussitôt la gauche sur Düsseldorf, le centre et la droite sur Cologne, où il fit son entrée le 6 (1). Le même jour Schérer, appelé au commandement de l'armée d'Italie, fut remplacé par Marceau, qui fut dirigé aussitôt sur Bonn et Coblentz. Il entra dans cette dernière ville le 23 octobre, quelques heures avant les divisions Taponier et Debrun de l'armée de la Moselle, qui y arrivaient par Trèves.

De toutes parts la ligne du Rhin était atteinte.

Maëstricht. — Après avoir bombardé Düsseldorf (6 octobre) Kléber avait rétrogradé sur Maëstricht pour secourir Duhesme, qui n'avait pu qu'à grand'peine repousser les sorties de la garnison. L'artillerie de siège étant arrivée le 23 octobre, le général Marescot ouvrit aussitôt la tranchée et poussa activement les travaux d'attaque. Le 4 novembre, 200 pièces tonnaient sur la

---

(1) On y trouva 118 pièces de gros calibre et d'immenses magasins.

ville, où des incendies s'allumaient partout, et le prince de Hesse, touché par les prières des habitants, demandait à capituler. On lui accorda les mêmes conditions qu'à Valenciennes et à Condé.

On trouva dans la ville 360 pièces et des magasins encore pleins. Le siège proprement dit avait duré 11 jours et ne nous avait pas coûté 300 hommes.

Pour l'armée de Sambre-et-Meuse la campagne était terminée, mais Carnot, désirant achever l'expédition de Hollande, ordonna à Jourdan de couvrir les derrières de Pichegru et les divisions prirent les positions suivantes (1) (16 novembre) :

Lefebvre à Rheinberg communiquant à Büderich avec Vandamme (armée du Nord);
Morlot, Hatry, Mayer, Championnet et Dubois autour de Crevelt ;
Grenier (remplaçant Haquin) à Düsseldorf ;
Duhesme à Cologne ;
Chapsal (ex-Richard) à Nippes ;
Marceau à Bonn et Andernach.

Mais on manquait de tout et le rapprochement des deux armées menaçait de les faire mourir de faim. Sur les instances de Jourdan, ses troupes purent prendre le 24 leurs quartiers d'hiver :

Lefebvre, sur la Meuse, vers Roërmonde ;
Dubois, sur le Roër, vers Juliers ;
Marceau, Chapsal et Duhesme, sur le Rhin, d'Andernach à Neuss ;
Les autres, de Neuss à Wesel ;
La division Bonnet fournissait les garnisons de l'arrière.

Tous les services furent réorganisés et l'armée de Sambre-et-Meuse put jouir du repos qu'elle avait si bien gagné.

II

LA CAMPAGNE D'ALSACE

§1. — KAISERSLAUTERN.

La situation. — Les armées adverses du Palatinat et de l'Alsace étaient restées dans l'inaction jusqu'à la fin de mai. Conformément au plan de guerre adopté, Carnot avait prescrit à Michaud

---

(1) Voir le croquis n° 32.

(21 mai) de « se borner *à une défense active* » avec les forces « *strictement nécessaires* » qu'on lui avait laissées, « de ne point disséminer ses forces, mais d'en former seulement deux ou trois bons corps, toujours prêts à s'entr'aider et à tomber en masse sur le point attaqué ». Défalcation faite des renforts envoyés sur la Moselle, des malades et des soldats non armés, il devait lui rester environ 80 000 hommes, tant à l'armée active que dans les places, force largement suffisante pour le rôle qu'on lui réservait (1). En réalité, si le plan de Carnot était bon, ses calculs d'effectifs étaient peu exacts et Michaud avait affaire à forte partie.

Le 21 mai, jour où Jourdan quittait Thionville pour marcher sur Charleroi, la situation militaire du côté du Rhin était la suivante (2) :

L'armée saxo-prussienne (60 000 hommes), sous Mollendorf, successeur du duc de Brunswick, était répartie depuis Alzey jusque vers la Sarre, à Mertzig, où elle se liait avec le corps du général autrichien Blankestein (15 000 hommes), chargé seul, depuis la retraite de Beaulieu sur Namur, de couvrir Trèves et Luxembourg ; — l'armée autrichienne (65 000 hommes), commandée d'abord par le maréchal Brown, puis par le duc de Saxe-Teschen, gardait la rive droite du Rhin de Bâle à Mayence et avait une forte division (prince Hohenlohe-Kirchberg, 15 000 hommes) en avant de Mannheim.

L'armée française du Bas-Rhin sous Michaud (3) (38 000 h.) occupait la ligne du Rehback, de Neustadt à Schifferstadt et comprenait 4 divisions (4) :

---

(1) Voir BONNAL, *Histoire de Desaix*, p. 53, et GOUVION SAINT-CYR, II, *Pièce justificative* n° 1. Ce dernier remarque que si les alliés, exécutant la manœuvre inverse de celle de Jourdan, avaient renforcé leur gauche d'une partie de leur droite, le plan de Carnot pouvait tourner à leur avantage, et que ce fut l'énergie de l'armée du Rhin qui le sauva. — Mais il faut observer que le danger d'invasion était moins grand vers les Vosges et les Ardennes, que vers l'Oise et la Sambre, et que Carnot s'assurait un ascendant considérable en prenant l'initiative du mouvement.

(2) Voir le croquis n° 33.

(3) « Ce général, dit GOUVION SAINT-CYR, avait acquis de l'expérience ; c'était un patriote franc, un des meilleurs Français que j'ai connus ; avec du bon sens et de l'instruction, il était cependant d'une modestie remarquable. » (II, 47.)

(4) Bourcier était chef d'état-major ; Dorsner commandait l'artillerie.

Droite (division Desaix), le long du Rhin ;
Centre (— Ferino), sur le Rehbach ;
Gauche (— La Boissière), dans les gorges ;
Réserve (— Delmas), derrière le centre.

Un petit corps posté dans la vallée de Weidenthal la reliait à l'armée de la Moselle (25 000 hommes) sous Moreaux, successeur de Jourdan, et dont une division (Ambert, 8 bataillons, 6 escadrons, 5 000 hommes) occupait Kaiserslautern ; — le corps du Haut-Rhin (environ 25 000 hommes) formait les garnisons des places et gardait la rive gauche du fleuve jusqu'à Huningue. On était loin des calculs de Carnot.

Kairserslautern. — Le poste de Kairserslautern était en l'air et presque enclavé dans les positions de l'armée prussienne. Mollendorf et Hohenlohe se concertèrent pour nous en déloger par une attaque combinée sur nos lignes. — Le 23 mai, tandis que le général autrichien attaquait vigoureusement Desaix à Schifferstadt et finissait par se faire repousser après un combat opiniâtre, Mollendorf débouchait sur Kaiserslautern en quatre colonnes (1). Après s'être défendu pendant cinq heures, Ambert se mit en retraite, et, malgré une terreur panique qui débanda un instant son arrière-garde, parvint à gagner Trippstadt et Pirmasens ; il avait perdu 1 500 hommes.

L'armée du Bas-Rhin, ayant sa gauche découverte, se retira derrière la Queich, de Germersheim à Landau, et celle de la Moselle derrière la Sarre. Bientôt cette dernière, renforcée par 6 000 hommes venus du Rhin, réoccupa, le 11 juin, ses positions favorites (2) de Bliescastel, Hornbach et Pirmasens, et se relia par Annweiler aux troupes de Michaud.

Offensives du 2 et du 12 juillet. — Le mois de juin se passa dans l'inaction. Mollendorf se contenta de rapprocher sa droite de la Blies, vers Ottveiler et Homburg, et Hohenlohe-Kirchberg vint prendre position en avant de Spire. Les Représentants organisèrent pour le 2 juillet une attaque contre ce dernier corps, attaque que

---

(1) GOUVION SAINT-CYR (II, 26) fait le plus grand éloge des dispositions adoptées par Mollendorf pour cette attaque.

(2) « Depuis 1793, dit GOUVION SAINT-CYR, on avait mis ces positions, pour ainsi dire, à la mode, et l'on ne se croyait en sûreté que lorsqu'on les occupait. »

la gauche de l'armée du Rhin et l'armée de la Moselle devaient soutenir en contenant les Prussiens dans les montagnes.

A cette époque (1) la situation des deux armées françaises était la suivante :

ARMÉES.	DIVISIONS.	BATAILLONS.	ESCADRONS.	EFFECTIFS.
Du Rhin......	1. Desaix............	12	23	9 579
	2. Gouvion St-Cyr....	12	14	10 989
	3. Vachot.	6	3	5 143
	4. Brigades Desgranges, Siscé et Sibaud.	12		9 125
	Dorsner (parc)........			1 189
	Quartier général......			595
	Travaux des lignes........			1 253
				37 873
De la Moselle...	1. Taponier...	15	8	13 670
	2. Ambert.....	9	4	7 244
	3. Reneauld	10		8 505
	4. Deshureaux, puis Xaintraille.........	7	2	7 182
				36 601

Au jour dit, Desaix, avec sa division et celle de Vachot, se porte sur Schweigenheim et Bobingen ; mais il dissémine trop ses forces et l'opération est manquée. Saint-Cyr, avec le centre, refoule les avant-postes prussiens sur Edenkoben sans réussir à s'en emparer et se replie sur Landau. Dans les montagnes, Taponier, parti de Pirmasens, échoue devant Trippstadt, tandis que Reneauld et Xaintraille, partis de Hornbach et de Bliescastel, se bornent à une simple démonstration en avant de Deux-Ponts.

Les Représentants et le Comité, mécontents, ordonnent de recommencer l'attaque le 12. Cette fois les généraux Michaud et Moreaux, comprenant tous les inconvénients que peut avoir pour l'ennemi l'emploi de deux lignes d'opérations séparées par les Vosges et l'avantage que lui donne le combat en plaine,

(1) La situation est du 12 juillet pour l'armée du Rhin, et du 18 pour l'armée de la Moselle.— A la première, les généraux Delmas, Bourcier et Ferino avaient été destitués par le représentant Hentz. — A la seconde, l'infanterie était composée presque uniquement de volontaires; la première division seule comptait 2 demi-brigades de ligne (6 bataillons).

prennent la résolution de porter leur principal effort dans les montagnes (1). Reneauld et Xaintrailles se reportent en avant et obligent les corps de Kalkreuth et de Rüchel à se replier sur Kaiserslautern. Taponier marche de nouveau sur Trippstadt; il est soutenu à sa droite par la gauche de l'armée du Rhin (quatrième division), qui doit attaquer la ligne des hauteurs du Eschkop au Kesselberg et au Schänzelberg, occupée par les corps de Kleist et de Hohenlohe-Ingelfingen.

Après un violent combat, et grâce à l'intervention de Saint-Cyr qui tourne la position, Hohenlohe est déposté le 13 du Schänzelberg (à l'ouest d'Edenkoben), en perdant 1 000 hommes et 11 pièces, et ce succès décide la retraite de Kleist. Taponier, qui, comme Sibaud, Siscé et Desgranges, ne peut employer son artillerie à cause des difficultés du terrain, lutte toute la journée devant Trippstadt et décide les Prussiens à décamper dans la nuit (2). La droite de l'armée du Rhin s'est bornée à une démonstration vigoureusement conduite sur Edenkoben et Spire.

Mollendorf, intimidé, jugeant sa droite compromise, se mit en retraite sur Alzey, suivi de près par Desaix et Saint-Cyr, qui bousculèrent le 14 et le 15 ses arrière-gardes. Le corps autrichien de Hohenlohe-Kirchberg repassa à Mannheim sur la rive droite du Rhin.

La route de Mayence était ouverte.

§ 2. — LA MARCHE SUR MAYENCE.

Trèves. — Cette année tous les grands coups se frappaient dans le Nord, et les opérations sur les autres théâtres, faute de

(1) Cet avis avait été émis dès le 17 juin par Gouvion Saint-Cyr, promu récemment divisionnaire, dans un conseil de guerre tenu à Landau. L'avis de Desaix l'avait emporté. Après son échec, celui-ci ne craignit pas de se déjuger et fit adopter le projet de son camarade. (Voir GOUVION SAINT-CYR, t. II, ch. III.)

(2) C'est à propos de ces combats de montagne, si propres à faire ressortir les qualités de l'infanterie française, que SAINT-CYR écrit : « L'obstination que l'on met à en faire de l'infanterie allemande doit-elle encore durer longtemps ? tant d'expérience acquise dans ces dernières guerres ne servira-t-elle de rien ? Espérons qu'il n'en sera pas ainsi, que nous aurons une méthode de faire la guerre adaptée au génie de notre nation et que nous cesserons enfin d'être les serviles imitateurs des Allemands ! »... Et il écrit en 1829 !... (II, 99.)

moyens ou faute de chefs, semblaient atteintes de paralysie.

Les Représentants exigeant l'occupation de Trèves pour appuyer les mouvements de Jourdan, les armées du Rhin et de la Moselle ne profitèrent pas de la retraite des alliés et reprirent toutes deux leurs positions antérieures, pour s'y reformer et y attendre les renforts annoncés. L'armée du Rhin reçut les siens à la fin de juillet, de la Vendée et des Alpes, et put constituer deux masses, l'une de 55 000 hommes (5 divisions actives) sur le bas Rhin, l'autre de 45 000 hommes (4 divisions) dans la haute Alsace. Le 5 août la situation de la première était la suivante (1) :

1re division	Desaix....................	9 700 hommes.	
2e —	Gouvion Saint-Cyr........	12 300	—
3e —	Vachot...................	3 800	—
4e —	Frühinsholz..............	4 500	—
5e —	Schaal...................	6 000	—
6e —	Meynier..................	10 500	—
7e —	Prudhon.................	3 500 h.	(dans les places à la gauche).
		50 300	

De son côté, dans les premiers jours d'août, Moreaux recevait 15 000 hommes de Vendée et portait son armée à 50 000 hommes. Sur l'ordre des Représentants, il prit le premier l'offensive, descendit la Sarre et la Moselle et se porta sur Trèves. Le 7 août, il attaqua les positions de Pellingen et de Consarbrück, qui n'étaient défendues que par quelques bataillons, s'en empara et entra le lendemain dans Trèves (8 août).

L'occupation de Trèves empêchant les communications des alliés avec Luxembourg et menaçant de les couper des Pays-Bas, ils résolurent de reprendre la ville, mais ne s'ébranlèrent pour le tenter que le 16 septembre. A cette date les forces dont disposait Mollendorf étaient ainsi réparties :

Corps Erbach........	10 bat.	19 esc.	11 090 hommes	sur la Wipper.
— Wurtemberg..	11 —	13 —	9 136 —	sur la Sieg.
— Wartensleben.	14 —	22 —	14 073 —	sur la Lahn.
— principal......	80 —	86 —	62 549 —	en Palatinat.

Enfin Wurmser, qui avait succédé au duc de Saxe-Teschen,

(1) A propos de cette situation, Jomini avoue lui-même le peu d'exactitude qu'elle comporte, les mutations étant si fréquentes dans les divisions qu'il est impossible de s'y reconnaître.

disposait le long du Rhin, de Bâle à Mannheim, de 64 bataillons et 129 escadrons, soit de 79553 hommes. Le corps de Hohenlohe-Kirchberg (15000 hommes) formait toujours son extrême droite. — En y joignant les troupes palatines, le total des forces des alliés atteignait 180000 hommes.

Laissant Hohenlohe-Ingelfingen (1) avec sa gauche en face de l'armée du Rhin, Mollendorf porta la majeure partie de ses troupes sur Kirn et Birkenfeld, tandis que Mélas, qui avait remplacé Blankestein dans le Luxembourg, marchait sur Wittlich et qu'une division détachée par Clerfayt du pays de Liége (Nauendorff, 8600 hommes), s'avançait sur Prum et Bittburg. Mais les nouvelles venues des Pays-Bas (bataille de Sprimont, 18 septembre) et la retraite de Clerfayt derrière la Roër, arrêtèrent tous les mouvements. Nauendorff rétrograda sur Hildesheim et Blankenheim, Mélas sur Kaisersech, Mollendorf sur Alzey (25 septembre).

Pendant ce temps la gauche prussienne, renforcée par deux divisions (Benjowski et Wartensleben) que Wurmser avait fait passer sur la rive gauche, remportait d'importants avantages. L'armée du Rhin, obligée de relever dans les montagnes l'armée de la Moselle portée sur Trèves, étendait sa gauche jusqu'à Landsthul, par Kaiserslautern et Hochspeyer, et avait son centre (division Saint-Cyr) à Neustadt et Dürckheim. Laissant Wartensleben dans la plaine en avant de Worms, Hohenlohe massa ses forces à Grünstadt et se porta contre la gauche de Michaud. Le 17 septembre il délogea tous nos postes avancés et attaqua le 20 Kaiserslautern avec 40 bataillons et 50 escadrons. Les deux brigades qui occupaient Kaiserslautern et Hochspeyer furent taillées en pièces et perdirent 3000 hommes; mais Hohenlohe, après avoir détruit les retranchements et les magasins, rétrograda sur Pfeddersheim, et Wartensleben, après avoir amusé notre centre par des démonstrations, repassa sur la rive gauche du Rhin.

L'offensive. — Le contre-coup des succès de Jourdan avait sauvé d'un nouvel échec les armées de la Moselle et du Rhin,

---

(1) Il ne faut pas confondre ce général prussien, le futur vaincu d'Iéna, avec le précédent Hohenlohe, général autrichien.

maladroitement désunies ; il fit plus, il leur facilita l'offensive. Le général Meynier, chargé de rallier les troupes vaincues à Kaiserslautern, attaqua le 26 septembre les corps laissés par Hohenlohe aux abords de la ville et reprit toutes les positions. Quelques jours après Saint-Cyr prit le commandement de toutes les troupes opérant dans les montagnes et formant la gauche (divisions Vachot, Frühinsholz et Schaal, 18 000 hommes); Meynier forma le centre, Desaix la droite. Celui-ci battit, le 8 octobre, le prince de Hohenlohe-Ingelfingen en avant de Frankenthal et entra dans la place ; il la perdit de nouveau le 12 et la réoccupa le 15. Le 18 il s'empara de Worms et le 22 d'Oppenheim, tandis que la gauche entrait à Kircheimbolanden et à Alzey.

Du côté de la Moselle, Mélas et Nauendorff, menacés sur leurs derrières par l'armée de Sambre-et-Meuse, réunirent leurs forces à Andernach et repassèrent le Rhin (21 octobre), laissant les divisions Taponier et Debrun, de l'armée de la Moselle, faire à Coblentz leur jonction avec Marceau. Le 2 novembre la division Vincent emporta, après deux jours d'attaque, le fort de Rheinfels, dernier point d'appui des alliés sur la rive gauche du fleuve.

L'armée du Rhin vint se concentrer devant Mayence, et, après avoir enlevé les postes avancés de Mombach, de Weisenau (12 novembre), les redoutes de Merlin (1ᵉʳ décembre) et de Zahbach (4 décembre), en commença le siège, renforcée bientôt par l'armée de la Moselle.

Nous allions mettre plus de deux ans à rentrer dans la place.

III

LA CAMPAGNE DES ALPES

§ 1. — LA MANŒUVRE DE SAORGIO (1).

Les opérations en Savoie. — Après ses succès de 1793 l'armée des Alpes avait changé cinq fois de général ; ses meilleurs

---

(1) Voir les croquis nᵒˢ 34 et 35.

bataillons avaient été dirigés sur Toulon et, en janvier 1794, ceux qui lui restaient n'étaient ni armés, ni équipés, ni instruits. L'armée comptait 47 000 hommes ainsi répartis :

> 3 corps de 5 000 hommes chacun, de la Durance au Faucigny ;
> 12 000 hommes dans le Dauphiné ;
> 10 000 hommes sur la rive droite du Rhône ;
> 5 000 hommes à Lyon ;
> 4 000 hommes vers Genève et dans l'Ain.

Sous l'énergique impulsion du général Alexandre Dumas, ces forces se réorganisèrent pendant les premiers mois de l'année, et le 1er avril, disposant de 40 000 hommes instruits, il chargea Badelaune (5 000 hommes) et Sarret (6 000 hommes) d'attaquer l'un le petit Saint-Bernard, l'autre le mont Cenis.

Les forces piémontaises formaient quatre groupes :

> Le duc de Montferrat occupait le val d'Aoste ;
> Le duc d'Aoste, les vallées de Suse à la Stura ;
> Colli, le comté de Nice ;
> D'Argenteau, la province de Mondovi.

L'attaque du mont Cenis fut malheureuse. Les Piémontais en avaient fortifié les abords vers Lanslebourg ; le 6 avril, Sarret, conduisant l'attaque du côté du petit mont Cenis, fut tué et ses troupes repoussées. Une attaque combinée vers le grand mont Cenis échoua aussi.

Mais le 23 avril Badelaune s'emparait brillamment des retranchements du petit Saint-Bernard, tandis que Vaubois occupait les hautes vallées de la Tinée, de la Stura (10 mai) et de la Doire Ripuaire. Le 14 mai Badelaune, avec 5 500 hommes, put tenter une nouvelle attaque du mont Cenis et s'en empara.

L'armée d'Italie. — L'armée d'Italie, toujours sous les ordres du général Dumerbion, avait commencé les hostilités la première de toutes. Au commencement de mars elle présentait trois masses d'environ 10 000 hommes chacune :

> La gauche (Garnier), de Puget-Théniers à Levens et Utelle ;
> Le centre (Macquard), de l'Escarène à Breil ;
> La droite (Masséna) de Fréjus à Menton.

En face d'elle 6 000 Piémontais et 1 600 miliciens sardes

occupaient les hautes vallées de la Vésubie et de la Roya et le massif de l'Authion. Ils étaient commandés par le général Dellera, qui avait remplacé le comte de Saint-André. La fin de février et le mois de mars avaient été remplis par de nombreuses escarmouches du côté d'Utelle et de Breil. Le 6 avril, Colli vint remplacer Dellera, amenant avec lui des renforts.

Nous avons vu que, pour la première fois depuis le commencement de la guerre, un plan général d'opérations avait été élaboré par le Comité de Salut public, assignant un rôle nettement défini à chaque armée. D'après ce plan l'armée d'Italie devait s'emparer d'Oneille, seul port qui restât au roi de Sardaigne, pour séparer les Piémontais des flottes anglaises et espagnoles et faciliter les arrivages de Gênes; elle devait ensuite s'emparer de Saorgio et du massif de l'Authion en les tournant par la vallée de la Taggia (1). Il fallait pour cela traverser le territoire de Gênes; mais le mauvais vouloir dont cette République avait fait preuve à notre égard nous y autorisait. Après qu'un manifeste, lancé par les Représentants, eût promis aux Génois que leur neutralité serait respectée, une division de 20 000 hommes, placée sous les ordres de Masséna, se concentra à la fin de mars vers Ventimiglia. Elle était composée de 6 000 hommes venus de Lyon, de 6 000 autres revenus de Toulon et de 8 000 tirés de l'armée d'Italie, et comprenait 4 brigades :

Gauche	Hammel	4 450	hommes.
Centre	La Harpe	5 275	—
Droite	Mouret	5 850	—
Réserve	François	4 140	—
	Soit	19 715	hommes et 18 pièces.

Le 6 avril, tandis que de fausses attaques attirent l'attention des Piémontais vers Lantosque et l'Authion, Masséna franchit

---

(1) Bonaparte, nommé général de brigade après la prise de Toulon, commandait l'artillerie de l'armée. L'inspiration du plan de campagne ne venait pas de lui. (Voir Krebs et Moris, II.) Mais se trouvant au milieu d'un état-major ne connaissant que la guerre de postes et de petites colonnes, il devint dès le premier jour, grâce à l'ascendant de son talent et à ses relations avec les représentants Salicéti et Robespierre jeune, l'âme de l'exécution de détail. (J. Colin, *l'Éducation militaire de Napoléon*, p. 241 sqq.)

la Roya. Sa gauche (Hammel) débouche de Sospel sur Breil (1) et Saorgio, son centre et sa réserve (La Harpe et François) remontent la vallée de la Nervia, sa droite (Mouret) s'avance sur Taggia et Oneille. — Masséna, qui marche avec le centre (2), occupe le mont Tanardo (au nord de Pigna) et gagne Triora (8 avril), puis Montalto. Les neiges entravent sa marche ; avec les postes laissés en route il lui reste à peine 2 000 hommes ; mais il est rejoint par Hammel, qui, ne pouvant forcer de front le poste de Saorgio, s'est rejeté dans la vallée de la Taggia. De son côté Mouret occupe Oneille le 8 avril, après un court engagement sur les hauteurs de Sainte-Agathe, en avant de la ville, et, remontant la vallée de l'Impero à la suite des troupes de la principauté, fait sa jonction à Conio avec Masséna.

Laissant 6 à 8 000 hommes échelonnés de Pigna à Taggia, par Triora, Masséna se porte sur Pieve avec 10 000 hommes et y arrive le 15 avril. D'Argenteau, arrivé de son côté à Ormea avec 3 000 hommes, veut défendre le haut Tanaro. Mais, le 16, Masséna le déloge des crêtes du col de Nava et le rejette sur Céva avec une perte de 200 hommes. Ormea et Garessio sont occupés (18 avril).

Masséna se prépare à tenter un coup de main sur Céva, quand de nouvelles instructions des Représentants (3) le rappellent vers le Tanardo et le col Ardente. Colli, d'ailleurs, renforcé par 4 000 Piémontais et disposant de 10 000 hommes, a vigoureusement assailli les postes envoyés sur ces derniers points. — Laissant Mouret au col de Nava, Masséna revient à Triora, s'empare le 25 du mont Marta, au sud du col Ardente, et attaque le 27 le mont Saccarello qui domine les cols Ardente et du Tanarello. L'attaque de droite échoue, mais celle de gauche réussit, et Masséna fait sa jonction à Saorgio avec Dumerbion (29 avril). Celui-ci, en effet, a attaqué le 27 avec son centre (division Macquard) les positions de l'Authion et a été repoussé. Mais les progrès de Masséna ayant décidé Colli à la retraite, il a pu occuper Saorgio le 28.

(1) Ou Breglio. Nous employons le nom français ou le nom italien suivant qu'il est le plus familier.
(2) Sur les faux mouvements de Masséna en la circonstance, voir J. COLIN, *loc. cit.*, p. 247 sqq.
(3) J. COLIN, *loc. cit.*, 255.

La chute de l'Authion permet alors à la gauche de balayer les hautes vallées de la Tinée et de la Vésubie.

Pour couvrir l'évacuation de ses magasins de Tende, Colli y a concentré ses troupes. Dès les premiers jours de mai, Dumerbion se décide à le rejeter au delà des montagnes. Le 7 mai, un corps de 10 000 hommes, sous les généraux Masséna et Macquard, attaque en trois colonnes les abords du col et les enlève. Le 8, Colli est rejeté sur la crête et bat en retraite dans la nuit.

Cette belle manœuvre nous donnait définitivement tout le comté de Nice.

§ 2. — LA MANŒUVRE DE DEGO (1).

La situation en juin. — Les Piémontais n'avaient plus aucun point d'appui sur la crête des Alpes, que garnissaient les armées des Alpes et d'Italie. Le moment était venu où ces deux masses, de 45 000 et 60 000 hommes, pouvaient *concerter leurs mouvements pour envahir le Piémont.*

Le roi de Sardaigne, Victor-Amédée, avait pris en personne la direction des 45 000 hommes dont il disposait et les avait répartis le long des Alpes dans les différentes vallées. — Du côté de Nice, Colli était avec 10 000 hommes à Borgo-San-Dalmazo, soutenu en arrière par d'Argenteau à Coni, et à gauche par Dellera à Mondovi; ce dernier n'avait que des miliciens et des habitants armés. S'attendant à être attaqué, le roi de Sardaigne appela en toute hâte le corps autrichien de Lombardie et résolut de nous devancer à titre de diversion. Au commencement de juin, le duc de Montferrat attaqua le petit Saint-Bernard, fut repoussé par Badelaune, mais réussit à conserver les abords du col.

De notre côté, Masséna, revenu à Ormea avec sa division après la prise de Tende, s'était étendu vers Pamparato, Bagnasco et Montaldo. Au commencement de juin la situation des deux armées françaises était la suivante :

(1) Voir le croquis n° 36.

ARMÉES.	DIVISIONS.	BRIGADES.	EFFECTIFS.	TOTAUX.	EMPLACEMENTS.
A. des Alpes (1). (Alex. Dumas).	Pellapra..	3	20 000	47.000	De la Stura à Briançon.
	Dours....	2	9 000		Au mont Cenis et au petit St-Bernard.
	Pouget...	2	5 000		Sur la frontière suisse.
		3	13 000		A Lyon et sur le Rhône.
Armée d'Italie. (Dumerbion).	Masséna..	4	16 000	46.000	Menaçant Mondovi et Céva.
	Macquard.	3	15 000		Au col de Tende.
	Garnier...	4	15 000		Sur la Vésubie et la Tinée.
			16 000	16.000	Le long de la Côte.

La manœuvre. — Dès la fin d'avril le général Bonaparte avait proposé un projet d'opérations combinées pour les deux armées. Le 21 mai il en déposa un second, qu'il modifia quelque peu le 20 juin d'après les derniers progrès de l'armée des Alpes et de la division Masséna. Ce projet n'était qu'une « seconde opération préparatoire à l'ouverture de la campagne de Piémont » (2) (l'occupation de Saorgio et de Tende ayant été la première), et ne visait que la jonction des armées des Alpes et d'Italie sur la Stura (3). D'après lui, 3 divisions devaient converger sur Demonte, 2 par la vallée de la Stura (8 000 et 2 000 h.) et une par celle du Gesso (6 000 h.); 2 divisions devaient couvrir ce mouvement et former diversions, une au nord sur la Vraita (8 000 hommes), l'autre au sud vers Borgo San-Dalmazo et Coni (20 000 hommes) (4). Le projet ne fut pas adopté (5).

Cependant la guerre d'escarmouches continue. Le 30 juin la division Macquard, qui occupe Tende, pousse des reconnaissances sur la route de Coni, que l'ennemi a eu le temps de détruire en partie, occupe Limone et Vernante (4 et 14 juillet) et rejette Colli sur la rive gauche du Gesso (24 juillet). A ce moment l'archiduc

---

(1) Cette armée venait de détacher 10 bataillons sur le Rhin.
(2) J. Colin, p. 265, 273 et pièces justificatives.
(3) Voir le croquis n° 34.
(4) On voit que Bonaparte en est à ses débuts; dans la forme le plan du 21 mai est compliqué et confus; dans le fond il était inutile, car la position de Masséna devait inspirer dès lors le débouché en forces sur Céva par Tende. Il y a déjà des progrès dans le plan du 20 juin.
(5) J. Colin, p. 285 sqq.

Ferdinand, gouverneur de la Lombardie autrichienne, se décide à soutenir le roi de Sardaigne et porte une division de 6 000 hommes d'Asti à Morozzo. — Le 7 août, Macquard occupe Boves, mais dans la nuit du 8, il reçoit l'ordre de se replier sur Tende : cet arrêt est le contre-coup de la révolution du 9 thermidor, qui fait craindre des insurrections dans le Midi. Les Piémontais, enhardis, nous attaquent sur tous les points ; Masséna doit se replier sur Ormea et Loano, et une division autrichienne venant d'Acqui (Colloredo, 10 000 hommes) se concentre à Cairo, prête à déboucher sur Savone et à nous couper la route de Gênes.

Il faut enrayer cette marche en avant, et pour cela *une offensive immédiate s'impose*. On convient que, tandis que l'armée des Alpes (sous le général Petit-Guillaume remplaçant Dumas) fera des démonstrations sur la Vraite et la Meira, Masséna, renforcé par des détachements du centre et de la gauche, attirera Colloredo sur Loano, et le tournera par Millesimo pour lui couper la retraite (1). — Masséna (9 000 hommes) se concentre à Ceriale, couvert vers Loano par une flanc-garde (Cervoni, 2 000 hommes et 2 pièces de 3). Tandis que cette dernière s'avance (10 septembre), par Osteria-di-Melogno, Mallare et Pallare, le gros se porte sur Bardinetto et Callizzano (18 septembre). L'avant-garde du gros (La Harpe) occupe Montezemolo après une marche de vingt heures (19 septembre), pendant que le corps de bataille (Hammel) se porte sur Biestro et la réserve avec Masséna, sur Millesimo. En apprenant les mouvements des Français, Colloredo, déjà en marche sur Savone, a pris position à Carcare avec une avant-garde à Millesimo.

Le 20, ce village est enlevé par La Harpe et Masséna, ainsi que le château de Cossaria, et Dumerbion reporte sur ce point Hammel et Cervoni (qui se sont rejoints à Biestro), pour menacer par Cairo la ligne de retraite de l'ennemi. Colloredo décampe dans la nuit et va s'établir à Dego. Il range le gros de ses forces sur les hauteurs de la rive gauche et occupe, comme avant-ligne, avec des troupes légères, les villages et les collines de la rive droite.

---

(1) Tout prouve que ce nouveau plan appartient à Bonaparte : Dumerbion lui-même en fait l'aveu dans son rapport (J. COLIN 314 sqq.) — Voir le croquis n° 36

Arrivés tard, le 21, devant la position, et n'étant pas rejoints par leur artillerie, Masséna et Cervoni sont contenus sur la rive droite. Mais La Harpe, sur la rive gauche, prend pied sur les hauteurs, dont un retour offensif des Autrichiens ne peut le déloger. Dans la nuit, l'ennemi se met en retraite sur Acqui. Tout indique de marcher sur Céva pour en finir avec les Piémontais et c'est la manœuvre qu'exécutera Bonaparte dix-huit mois plus tard. Mais les Représentants s'y opposent, notre offensive n'étant destinée *qu'à nous permettre de nous étendre en sûreté sur la côte pour y vivre*, et Dumerbion ramenant, le 24, ses troupes sur Savone, les établit à Vado et Finale, couvertes par des postes le long de la crête.

L'arrêt de la vie politique et militaire de la France au 9 thermidor avait rendu à peu près stérile la campagne de 1794 en Italie.

IV
LA CAMPAGNE DES PYRÉNÉES

§ 1. — PYRÉNÉES OCCIDENTALES (1).

Muller. — La campagne s'était ouverte de très bonne heure aux Pyrénées. Le 5 février le général espagnol Caro avait attaqué avec 15 000 hommes le camp des Sans-Culottes, récemment établi en avant de Saint-Jean-de-Luz, et avait été repoussé avec de grosses pertes, après huit heures de combat. — Mais les généraux se succédaient rapidement dans le commandement des 12 ou 15 000 hommes qui constituaient l'armée des Pyrénées occidentales (2). Frégeville fut remplacé par Dubouquet, lequel fut remplacé par Manco. Dans le courant d'avril une attaque des Espagnols vers notre gauche, établie en avant de Saint-Jean-Pied-de-Port, échoua, et les opérations cessèrent jusqu'en juin. Muller, qui remplaça Manco, batailla dans les vallées de Baygorry et de Bastan, et repoussa, le 23 juin, une

---

(1) Voir le croquis n° 24.
(2) L'armée comptait sur le papier 40 900 hommes ; en juillet, elle en comptera 57 000 sur un effectif *réel* de 32 000.

attaque générale des Espagnols sur nos positions d'Hendaye et de la Croix-des-Bouquets.

Le 9 juillet, Moncey, qui commandait la gauche, enleva aux troupes du comte de Colomera, successeur de Ventura-Caro, le mont Arquinzun, au sud de la vallée de Bastan, après un brillant combat. Le 26 juillet sa division (8 000 hommes), soutenue par la division de Laborde (6 000 hommes), s'empara d'Elizondo et de tous les postes de la vallée de Bastan, et rejeta les Espagnols au delà de Saint-Estevan, tandis que la division Dessein, formant le centre de l'armée, conquérait, au prix d'une lutte meurtrière, les redoutes espagnoles en avant de Berra. Ces opérations bien conduites nous rendaient maîtres de toute la rive droite de la Bidassoa.

Le 1er août Muller porta en avant toutes ses troupes pour attaquer les Espagnols sur la rive gauche. Les divisions Moncey et Laborde (gauche), concentrées à Lesaca, attaquèrent la montagne d'Haya, tandis que la division Dessein (centre) attaquait le camp retranché de Saint-Martial et la division Frégeville (droite) Fontarabie. Vigoureusement conduites, toutes les opérations réussirent. La gauche se porta sur Oyarzun pour couper la retraite aux Espagnols, qui ne furent sauvés que par le sacrifice de leur arrière-garde. Deux mille prisonniers, 200 pièces, 6 drapeaux et des magasins considérables furent les fruits de cette belle victoire et la Convention décréta que l'armée des Pyrénées occidentales avait bien mérité de la Patrie.

Poursuivant son offensive, Muller porta Moncey vers la côte tandis que Laborde et Frégeville poursuivaient les Espagnols sur la route de Tolosa. Le premier s'empara, le 2 août, du port du Passage et entra le 4 sans coup férir à Saint-Sébastien ; les deux autres culbutèrent Colomera de l'importante position d'Hernani et s'emparèrent de Tolosa (4 août).

Moncey. — Colomera fit occuper par ses troupes les passages qui conduisaient en Espagne, plaça 4 000 hommes à Bergara et sur la Deva pour couvrir la Biscaye, 4 000 hommes à Lecumberri pour couvrir Pampelune, 2 000 à Lanz et 12 000 dans la vallée de Roncevaux. Moncey remplaça Muller, et, renforcé par 6 000 hommes venus de Vendée, compta sous ses ordres à la fin de septembre plus de 60 000 hommes. Il voulait se concentrer entre Saint-Sébastien et Hernani pour marcher en masse sur Pampelune. Les Représentants exigèrent la conquête de la vallée de Roncevaux et l'attaque sur toute la ligne espagnole longue de 40 lieues. Moncey dut se soumettre.

Deux colonnes, l'une de 14 000 hommes (Laborde) partant de Saint-Estevan et d'Elizondo, l'autre de 6 000 hommes (Marbot) partant de Tardets, durent marcher respectivement sur Lanz et Ochagavia et se rejoindre vers Burguette pour envelopper par le sud la vallée de Roncevaux, tandis qu'une troisième colonne (Manco), partie de Saint-Jean-Pied-de-Port, l'attaquerait de front par Roncevaux et Orbaïcet. Mais ce vaste mouvement exigeait pour réussir un concert qu'on ne pouvait guère espérer dans un pays aussi difficile. Le 16 octobre Laborde s'empara de Lanz et le lendemain d'Eguy; mais, au lieu de pousser plus loin, il s'arrêta à Viscaret. De son côté, Marbot, parti le 15 de Tardets, s'était emparé le 16 d'Ochagavia après un combat acharné et avait occupé Villanova le lendemain. Mais, grâce à la faute de Laborde, les troupes espagnoles occupant les hautes vallées, après avoir énergiquement résisté à l'attaque de la division du centre, purent s'écouler par l'espace resté vide entre les deux corps des ailes et gagner Aoiz. La manœuvre, bien qu'incomplètement réussie, faisait perdre cependant aux Espagnols 2 500 hommes, 50 pièces et d'importantes positions.

Frégeville, pendant ce temps, s'était emparé de Gorritz et de Lecumberri.

La difficulté des communications et surtout le manque du matériel nécessaire au siège d'une place aussi importante que Pampelune engageaient Moncey à ne pas pousser plus loin ses succès et à abandonner même une partie du pays conquis. Sur l'ordre formel des Représentants il dut diriger, le 25 novembre, la division Marbot sur Pampelune et refoula les Espagnols dans la place. Mais le manque de vivres et les maladies dues à la mauvaise saison ayant affaibli son armée, il reçut enfin du Comité l'autorisation de se replier et de prendre ses quartiers d'hiver. Voulant terminer la campagne sur un succès, tandis que ses trois divisions de gauche (Marbot, de Laborde et Manco) rétrogradaient sur la vallée de Bastan et Saint-Jean-Pied-de-Port, Moncey poussa sa division de droite (Frégeville) sur Bergara ; elle s'en empara après un brillant combat, puis rétrograda sur Tolosa. — Les Espagnols réoccupèrent tout le pays évacué par les Français.

La campagne de 1794, très honorable pour nos troupes, se terminait sans grands résultats. Mais Moncey avait aguerri son armée, et, laissé libre d'agir, allait remporter l'année suivante d'éclatants succès.

§ 2. — PYRÉNÉES ORIENTALES.

Dagobert, nommé de nouveau au commandement de l'armée des Pyrénées orientales, commença la campagne en Cerdagne. Le 7 avril il enleva la position de Belver (1), où les Espagnols s'étaient retranchés, entra à Urgel, qu'il rançonna, puis rétrograda sur Puigcerda, où il mourut des suites de ses fatigues (2).

Dugommier. — Dugommier, le vainqueur de Toulon, lui succéda. Les Espagnols, commandés par le général de La Union, garnissaient, au nombre de 35 000 hommes, la rive gauche du Tech et avaient fortifié leur centre au camp de Boulou, étendant leur gauche en avant de Céret et appuyant leur droite à Collioure et Port-Vendres. Le 28 avril Dugommier attaqua leur gauche à Oms et la défit; le 30 la division Pérignon (7 000 h.) passa le Tech à Banyuls et s'empara des redoutes de la rive droite et de la route de Bellegarde. Le 1er mai Dugommier attaqua le camp de Boulou par les deux rives et mit les Espagnols dans une déroute complète. Il poussa aussitôt Augereau (4 000 hommes) sur la Mouga, et Saint-Laurent fut pris le 6 mai.

Dugommier se porta aussitôt sur Collioure, Port-Vendres et le fort Saint-Elme qu'occupait une division espagnole de 8 000 hommes. Malgré une vigoureuse sortie de la garnison (16 mai), Saint-Elme et Port-Vendres durent être évacués le

---

(1) Voir le croquis n° 25. L'armée comptait 35 200 hommes.
(2) Il avait soixante-quinze ans. Sa pauvreté était telle que ses officiers durent se cotiser pour payer les frais de ses funérailles.

23 mai par les Espagnols, qui se concentrèrent à Collioure. Cette place se rendit le 29 mai. Dugommier alla avec 20 000 hommes bloquer Bellegarde, à laquelle il voulait éviter les dégradations d'un siège.

Le comte de La Union, disposant de 45 000 hommes à Figueras (1), en poussa 20 000 sur Saint-Laurent de la Mouga pour dégager la place. Le 13 août les divisions Augereau et Sauret les repoussèrent, tandis que les divisions Pérignon et Charlet refoulaient 10 000 Espagnols qui s'étaient portés sur le camp de Canteloup. — Bellegarde se rendit le 18 septembre, et fut baptisée *Sud-Libre*. Le territoire français était entièrement évacué par l'ennemi.

Le 21 La Union tenta, pour reprendre la ville, un coup de main avec 7 000 hommes : il fut repoussé et en perdit 600.

La Montagne-Noire. — Il recula à mi-chemin entre Bellegarde et Figueras et établit ses 50 000 hommes sur une ligne de cinq lieues, de Saint-Laurent à Ilanca, qu'il fit garnir d'un grand nombre de redoutes. Dugommier, qui n'avait que 25 000 hommes, manquant totalement de vivres pour ses troupes, résolut, malgré son infériorité, d'attaquer l'ennemi pour s'étendre. A gauche Sauret dut contenir la droite ennemie ; au centre Pérignon dut s'avancer par la grande route de Figueras ; à droite Augereau, chargé de l'attaque principale, dut refouler la gauche ennemie appuyée à la Mouga.

L'attaque eut lieu le 17 novembre : elle réussit à notre droite, mais échoua à notre gauche où l'ennemi, prenant l'offensive, nous rejeta sur Canteloup.

Le combat recommença le 18. Dugommier, qui suivait l'action du sommet de la Montagne-Noire, fut tué par un obus ; mais Pérignon, qui prit le commandement, rétablit le combat à notre gauche, et notre droite refoula l'ennemi jusque sous les murs de Figueras.

(1) La garnison de Collioure (7 000 hommes) avait eu la libre sortie à condition de ne pas servir pendant la durée de la guerre. La Union viola la capitulation et l'enrôla immédiatement. — Indépendamment de ces 45 000 hommes, un corps de 15 000 hommes était près de Puigcerda. — L'armée française comptait 48 600 hommes, y compris les garnisons.

Pérignon fit reposer ses troupes le 19 et recommença l'action le 20 en portant son principal effort vers le centre. La lutte fut acharnée. Augereau finit par s'emparer des retranchements de Liere et Sauret de ceux d'Espola. Le général La Union fut tué, et son successeur ordonna la retraite, qui se transforma bientôt en une incroyable débandade. Les Espagnols perdirent 10 000 hommes, 8 000 prisonniers et 30 pièces.

La division Augereau investit aussitôt Figueras, dont le gouverneur, démoralisé, ouvrit les portes le 27 novembre. La garnison, forte de 10 000 hommes, fut prisonnière de guerre. Nous trouvions dans la place 600 000 livres en numéraire et des vivres pour plusieurs mois.

Pérignon fit entrer ses troupes en quartiers d'hiver et commença aussitôt les préparatifs du siège de Roses.

CONCLUSION

L'histoire militaire de la Révolution peut se diviser en trois phases.

De 1789 à 1792 l'ancien ordre de choses est bouleversé ; l'armée royale, depuis longtemps ébranlée, mal établie sur ses bases, se désagrège au premier souffle des idées nouvelles. Le pays, pris au dépourvu, comme étonné par la grandeur du cataclysme qu'il a préparé, trop distrait d'ailleurs encore par la politique pour rien fonder de stable, fait subir à l'armée une transformation *brusque* et *complète*, en accord avec ses nouveaux principes et que l'expérience l'amènera à modifier. Cette transformation, trop brusque et trop complète, a comme résultats, malgré quelques succès de surprise, l'insubordination et la débandade.

L'année 1793 est la période critique. La Révolution, qui a jeté à l'Europe « comme gant de combat, la tête d'un roi et de 6 000 détenus », voit l'Europe entière se lever contre elle et plie sous le choc. Ses efforts et sa violence croissent avec les périls qu'elle court et les résistances qu'elle rencontre. Des partis de plus en plus avancés se disputent le pouvoir ; la désorganisation est partout. La France ne doit son salut *qu'à la lenteur des coalisés et à l'incohérence de leurs dispositions.* « C'est le système de guerre que suivaient les étrangers qui a sauvé la France, a écrit le maréchal Bugeaud ; et ce système était un tâtonnement perpétuel, qu'on appelait faussement méthodique. »

En 1794, tout change. Sous la main de fer du parti montagnard, dont Robespierre est l'âme, l'unité s'est faite dans le gouvernement, et une impulsion d'une incroyable énergie est communiquée aux affaires militaires. Mues par une seule tête, dans un seul but, composées de soldats aguerris par les luttes précédentes, organisées d'après des principes justes qui mettent en œuvre toutes les forces vives de la nation, dirigées par des généraux habiles, la guillotine ayant éliminé les maladroits et les malheureux, nos armées entrent dans la voie des conquêtes, d'où elles ne sortiront plus. Malgré les crimes et les excès dont ce parti s'est rendu coupable, l'histoire militaire doit constater que *le relèvement de nos forces nationales est en majeure partie son œuvre* (1) et peut se demander si ce comble de rigueur n'était pas indispensable dans le comble de maux où nous étions tombés. « Le génie infernal de Robespierre, a écrit Joseph de Maistre, pouvait seul opérer ce prodige de briser l'effort de l'Europe conjurée. » La farouche énergie de cet homme et de ses satellites emplit pendant plus d'un an le Comité, les camps et les états-majors. Déclamatoire et lâchement sanguinaires dans les assemblées et dans les villes, leur éloquence et leurs actes remuent profondément les soldats, enfants brutaux que les grands mots emballent et qui sont familiarisés avec la violence. Eux tombés, l'élan se perd et la Révolution du 9 thermidor, qui suspend quelques instants la vie militaire du pays, fera sentir son contre-coup pendant toute la campagne suivante.

Certes la campagne de 1794 n'est pas encore un modèle : on fait des fautes, on marche lentement, on dissémine les forces, on entrevoit de grands principes de guerre et on les oublie quelques

---

(1) Si la partie *organisation* relève pour une grande part du premier Comité, celui de Danton, la partie *action* appartient tout entière au second, celui de Robespierre. Voir p. 154.

jours plus tard. Mais on y remarque beaucoup de vraies manœuvres, on y sent un immense élan, on y rencontre de vrais hommes de guerre, les Jourdan, les Dumerbion, les Masséna, les Dugommier. On comprend que désormais les conquêtes seront stables et que la France est définitivement sauvée, cette fois grâce à elle. « Cette campagne, dit Jomini (1), fera époque dans l'histoire des nations, comme dans celle de l'art militaire. Elle se distingua des précédentes par les *énormes masses* qui commencèrent à être mises en action, et par la *manière dont elles furent employées*. Ces masses, ne pouvant plus traîner les immenses attirails de campement, bivouaquent partout où elles s'arrêtent; dépourvues de magasins, elles dévorent les pays où elles passent; on ne peut plus les solder qu'en assignats et, malgré l'extrême dépréciation de ce papier, le tarif de la solde reste le même, en sorte que les militaires, dénués de tout, se voient plongés dans la plus profonde misère. Un patriotisme pur soutient les soldats républicains, car jamais ils ne coururent à la victoire plus gaîment et sans commettre moins d'excès. »

Ce qui frappe surtout, en effet, c'est la qualité du soldat à cette époque. « Dans tous les rangs, a écrit le maréchal Soult (2), on montrait le même zèle, le même empressement *à aller au delà du devoir*; si l'un se distinguait, l'autre cherchait à le surpasser par son courage, ses talents; c'était le seul moyen de parvenir ; la médiocrité ne trouvait point à se faire recommander... Dans les rangs des soldats, c'était le même dévoûment, la même abnégation. Les conquérants de la Hollande traversaient par 17 degrés de froid les fleuves et les bras de mer gelés, et ils étaient presque nus. Cependant ils se trouvaient dans le pays le plus riche de l'Europe ; ils avaient devant les yeux toutes les séductions ; mais la discipline ne souffrait pas la plus légère atteinte. Jamais les armées n'ont été plus obéissantes, ni animées de plus d'ardeur ; *c'est l'époque des guerres où il y a eu le plus de vertu parmi les troupes.* » — Gouvion-Saint-Cyr donne le même témoignage: « A cette époque, dit-il, les armées françaises avaient atteint un

---

(1) Liv. VII chap. XLII.
(2) I, 198.

degré de supériorité qu'elles n'ont jamais dépassé... Les soldats ne laissaient rien à désirer pour l'instruction, la bravoure et la discipline ; la classe des sous-officiers était excellente, celle des officiers ne lui cédait en rien... Les généraux de brigade et de division comptaient dans leurs rangs un bon nombre de sujets capables de commander des corps d'armée... Aussi est-ce depuis cette époque que l'on peut sans injustice juger les généraux français avec quelque sévérité et qu'ils ne peuvent plus défendre leurs opérations en alléguant la faiblesse ou la mauvaise qualité de leurs troupes ». « L'ambition, les vues personnelles, ajoute Roguet (1), le désir du bien-être nous étaient encore inconnus ; l'intérêt du service, l'amour de la patrie dominaient exclusivement en toutes circonstances ; devant l'ennemi chaque général, chaque corps ne songeait qu'à vaincre et à soutenir les autres : c'était dans toutes les volontés comme dans tous les cœurs. » Quand on lit les contemporains, ces combats sur le Rhin, sur les Alpes, sur les Pyrénées, semblent des luttes de géants. « Il faut avoir vu, dit l'un d'eux (2), le dénûment absolu dans lequel se trouvait l'armée (du Nord) à la prise de Nimègue pour s'en faire une idée. Sept mois entiers de bivouacs avaient totalement usé l'équipement... Quoique le froid commençât d'être très vif, il n'était pas rare de voir un factionnaire avec un habit dont les manches tombaient en lambeaux, sans capote, obligé de se couvrir avec son sac de campement. Notez que les subsistances n'étaient pas très exactement fournies, et il est encore difficile de se faire une juste idée du comble de misère où le soldat était réduit. » C'étaient pourtant ces mêmes hommes qui, entrés quelques mois plus tôt dans Anvers, avaient attendu l'arme au pied dans les rues de la ville qu'on leur fît les distributions. Avec de pareils soldats, tout était possible !

La campagne de 1793 avait enrayé l'invasion. Celle de 1794

---

(1) II, 12.
(2) David, *Histoire chronologique de l'armée du Nord et de celle de Sambre-et-Meuse*, 1795, p. 129. Voir aussi les *Mémoires* de Stendhal et de Cahion-Nisas.

chassa l'ennemi du sol français sur toutes les frontières, porta la guerre sur son territoire et nous donna la Belgique jusqu'au Rhin. Toutes deux resteront dans l'histoire comme les plus nationales, les plus légitimes et les plus honorables des guerres de la Révolution.

CHAPITRE IV

CAMPAGNE DE 1795

I

LA CAMPAGNE DES PAYS-BAS

§ 1. — LA CONQUÊTE DE LA HOLLANDE.

Le passage du Wahal. — L'armée du Nord venait à peine de recevoir l'autorisation de prendre ses quartiers d'hiver sur la rive gauche du Wahal, quand une circonstance extraordinaire les lui fit abandonner.

Le froid devenait très vif. Le 20 décembre la Meuse et le Wahal, entièrement gelés, pouvaient porter du canon. Pichegru, revenu à l'armée, résolut, le 23 décembre, de reprendre l'attaque de l'île de Bommel qu'on savait faiblement gardée (1). Le 27, 2 brigades passèrent le fleuve à Crèvecœur et Empel, surprirent les postes hollandais, firent 1 600 prisonniers et s'emparèrent de l'île où elles trouvèrent d'immenses magasins. — Le même jour les divisions Bonnaud et Lemaire occupaient les retranchements de Bréda et de Zevenbergen et refoulaient les Hollandais dans Gertruydemberg. Grave capitula le 28, et le prince d'Orange, effrayé, sollicita un armistice, qui fut refusé.

A la nouvelle de cette attaque les alliés se concentrèrent derrière le Leck, les Hollandais vers Gorkum, les Anglais de Culenborg à Pannerden, Alvinczi, avec 25 000 Autrichiens à la

(1) Voir les croquis nos 30 et 37.

solde de l'Angleterre, entre Arnheim et Wesel. York, découragé, s'embarqua pour l'Angleterre, laissant à Walmoden le commandement des forces anglo-hanovriennes.

Pichegru, ne voulant pas franchir le Wahal près de son embouchure de peur d'être acculé à la mer, attendit quelques jours que le fleuve fût pris vers Nimègue. Le 10 janvier, Moreau, avec 2 divisions, passa le fleuve entre Nimègue et Millingen, et la division Macdonald (ex-Souham) à Nimègue même (1), tandis qu'une fausse attaque avait lieu vers Thiel. A la suite d'un conseil de guerre, les généraux alliés décidèrent de réoccuper la ligue de la Linge, mais le général Abercrombie, chargé de l'opération, tâtonna, fut repoussé et repassa le Leck. Alvinczi, mal soutenu par les Anglais, fut repoussé de Pannerden par Moreau et dut nous abandonner le débouché.

Pendant ce temps Lemaire et Bonnaud s'étaient emparés de Workum, et Heusden, investi depuis neuf jours, capitulait le 14 janvier.

Un fâcheux événement, un dégel subit qui dura deux jours (12-14 janvier), faillit mettre l'armée française dans une position critique. Mais le froid étant revenu avec une intensité plus grande, Pichegru franchit la Linge, s'empara de Buren et de Culenborg, et fit une démonstration sur Arnheim. Ce mouvement et la nouvelle que le pont d'Arnheim avait cédé à la pression des glaces, décidèrent Walmoden à un vaste changement de front qui l'établit derrière l'Yssel et nous ouvrit la Hollande (15 janvier).

Passage du Leck. — Pichegru passa aussitôt le Leck après avoir investi Gorkum. Moreau prit position en avant d'Arnheim, Macdonald en avant de Rhenen. Le 18, Pichegru entra à Utrecht et le 20 janvier à Amsterdam. Orange, désespéré, s'était embarqué pour l'Angleterre après avoir engagé les représentants des Provinces à ne pas résister plus longtemps aux vainqueurs.

A la gauche Bonnaud, après s'être emparé de Gertruydemberg (19 janvier), traversa le Bies-Bosch sur la glace, entra à Dordrecht (20), à Rotterdam (22), à La Haye (23), à Hellevœts-

---

(1) MACDONALD raconte dans ses *Souvenirs* qu'il prit l'initiative de l'attaque, croyant à une retraite de l'ennemi.

luis (25). Enfin quelques escadrons de hussards et quelques batteries à cheval détachés dans le Nord, s'emparèrent de la flotte hollandaise prise dans les glaces au Texel.

Jourdan, n'ayant plus d'ennemis devant lui, étendit sa gauche jusqu'à Arnheim pour appuyer Pichegru (1). La division Michaud, restée sur la rive gauche du Rhin, fut alors envoyée en Zélande et obtint sans coup férir la soumission de cette province (3 février), à condition de respecter son autonomie. Après avoir laissé quelques jours de repos à ses troupes et les avoir approvisionnées, Pichegru, résolu à profiter de leur ardeur pour achever sa conquête, porta les divisions Moreau et Macdonald et la division de gauche de l'armée de Sambre-et-Meuse sur l'Yssel, que Walmoden abandonna précipitamment (4 au 7 février). Les Français le passèrent derrière lui. Macdonald marcha sur Groningue, malgré le dégel, et l'occupa (14), battit les Anglais sur les bords du golfe de Dollart (18) et ne s'arrêta que sur l'Ems. Le 4 mars Moreau pénétra même en Westphalie et s'empara de Bentheim ; puis il rétrograda vers la frontière et vers l'Yssel.

Ce fut l'épilogue de cette courte et glorieuse campagne. Deux divisions de l'armée de Sambre-et-Meuse (Morlot et Lefebvre), qui avaient appuyé le mouvement, repassèrent le Rhin et rejoignirent Jourdan. Les Provinces-Unies, organisées en *République Batave*, signèrent un traité d'alliance offensive et défensive avec la France et 25 000 hommes restèrent sur leur territoire pour les défendre contre toute tentative de retour du prince d'Orange.

Cette conquête, due à la saison et au courage des soldats plus qu'à l'habileté des généraux, excita en Europe un étonnement mêlé de terreur et en France un enthousiasme indescriptible : Pichegru en recueillit toute la gloire et fut envoyé sur le Rhin.

Luxembourg. — La Hollande conquise, la majeure partie de

---

(1) L'armée de Sambre-et-Meuse fut répartie dans le courant de février de la manière suivante :

Division Morlot, à Emmerich et Arnheim ; division Lefebvre, à Lochem (après la marche sur l'Yssel) ; division Montaigu, à Clèves ; division Hatry, à Gueldres ; division Championnet, à Meurs ; division Grenier, à Kempen ; division Bernadotte, de Neuss à Cologne ; division Chapsal, à Cologne ; division Marceau, à Bonn et Andernach ; division Poncet, à Düren ; division Dubois (cavalerie), à Stockheim ; division Espagne (cavalerie), à Huy.

l'armée du Nord, passée sous les ordres de Moreau et comptant alors environ 68 000 hommes, alla remplacer sur le bas Rhin les divisions de l'armée de Sambre-et-Meuse et fut peu après incorporée à cette armée. Trois divisions, formant un total de 25 000 hommes (1), restèrent avec Moreau en Hollande et ne prirent plus aucune part aux opérations actives. Les divisions de Jourdan se concentrèrent vers Coblentz; deux d'entre elles (25 000 hommes), sous Hatry, succédèrent bientôt devant Luxembourg aux troupes de l'armée de la Moselle, appelée tout entière devant Mayence.

Après la prise du fort de Rheinfels (2 novembre 1794), Luxembourg avait été investie par 3 divisions de l'armée de la Moselle (24 000 hommes) sous le général Moreaux (19 novembre). La ville, bien fortifiée, bien approvisionnée et occupée par une garnison de 15 000 hommes, sous le feld-maréchal Bender, résista longtemps. Moreaux, malade, fut transporté à Thionville, où il mourut (16 février 1795), et fut remplacé par Ambert. Bientôt après (20 mars) celui-ci recevait l'ordre de rejoindre l'armée du Rhin devant Mayence et cédait la place, comme on l'a dit, à 2 divisions de l'armée de Sambre-et-Meuse, commandées par le général Hatry.

Le bombardement ne put commencer que vers le milieu de mai. Devant les ravages qu'il ne tarda pas à causer, Bender, désespérant d'être secouru, capitula le 7 juin. La garnison eut la libre sortie, sous serment de ne pas servir avant d'avoir été échangée.

Sur la rive gauche du Rhin, Mayence seule restait à conquérir. L'armée de Sambre-et-Meuse se remit en mouvement à la fin d'août pour concourir à la reddition de la place et ses opérations se rattachent dès lors à un théâtre différent.

(1) 1re division Souham.. 8 321 fantassins. 932 cavaliers
2e — d'Harville. 5 036 — 809 — } artillerie.. 1 028
3e — Macdonald 7 370 — 335 —
(Parc).. 706
Div. du Tournaisis et du } Dubois.... 396 fantassins. 222 cavaliers, artillerie. 73
Hainaut.....

21 123   2 298   1 807

§ 2. — LA RÉACTION THERMIDORIENNE.

Nous avons déjà signalé l'influence néfaste que la révolution du 9 thermidor avait exercée sur les opérations de la campagne de 1794. Cette influence pesa plus lourdement encore sur la campagne de 1795, qu'elle rendit à peu près stérile.

Les événements du 27 juillet avaient apporté des changements immenses à la situation morale et politique du pays. Au gouvernement terrible, mais entreprenant et hardi, du dernier Comité de Salut public, succéda une autorité plus douce, plus libérale, mais aussi moins énergique et moins puissante. Longtemps comprimés par la terreur, les partis se réveillèrent et ne songèrent plus qu'à travailler pour leurs avantages personnels. Le mouvement vigoureux imprimé par le gouvernement détruit se conserva assez bien pendant les derniers mois de 1794 et les premiers de 1795. Mais quand la Convention, naguère si puissante, eut donné des preuves évidentes de sa faiblesse et de son manque d'énergie, tout se déchaîna. Placé au milieu du choc des partis, maîtrisé tantôt par l'un tantôt par l'autre, trompé et menacé par tous, le nouveau Comité de Salut public tomba dans une sorte d'inertie politique. Il laissa l'incapable Aubry diriger les affaires militaires avec une maladresse et un manque de méthode qui, joints au dénûment du trésor public, achevèrent de ruiner les armées. Il procéda au mois de juin, par son intermédiaire, à une réorganisation complète des services de la guerre, qui, opérée sans discernement, priva les troupes d'une foule de généraux de valeur. Continuellement occupé au dedans, il ne donna qu'une attention passagère aux affaires du dehors, et si les armées des Alpes et des Pyrénées, plus éloignées du foyer de la politique, conservèrent plus longtemps l'impulsion de l'ancien Comité, les armées du Nord, de Sambre-et-Meuse et du Rhin, plus voisines de Paris, subirent le contre-coup de toutes les fluctuations de l'opinion publique. D'ailleurs des victoires multipliées avaient ralenti leur énergie, et la forte barrière du Rhin, qu'elles avaient atteinte, les intimidait.

Mais la faiblesse du gouvernement ne fut pas la seule cause qui paralysa pendant six mois nos principales armées. Sans argent, sans crédit, trouvant la France épuisée par ses efforts antérieurs, le nouveau Comité crut la République assez bien établie pour abandonner la politique du Comité précédent et pour obtenir par la diplomatie ce que l'autre avait conquis par les armes. On était las de se battre : on négocia. Déjà, le 5 février, le duc de Toscane avait fait la paix avec la France. On sut bientôt que le roi de Prusse, dégoûté de l'alliance autrichienne, préoccupé des affaires de Pologne et de son influence politique en Allemagne, inclinait à se séparer de la coalition. On lui fit des ouvertures qu'il accueillit et, le 5 avril, le traité signé à Bâle nous abandonnait la rive gauche du Rhin, moyennant la reconnaissance d'un protectorat de la Prusse sur les États luthériens, qui préparait un grand changement dans la constitution germanique. Quelques mois plus tard (25 juillet) un nouveau traité fut signé à Bâle avec Charles IV d'Espagne. Mais cette politique de pacification, non accompagnée d'un redoublement d'efforts contre notre dernier adversaire, l'Autriche, loin d'affermir le gouvernement, en prépara la ruine en ramenant dans leurs foyers, c'est-à-dire dans la lutte des partis, un grand nombre de mécontents, que la Terreur avait poussés aux armées et que le ralentissement des hostilités fit déserter en foule. Certes, on ne saurait faire un reproche à ce gouvernement d'avoir cherché à recueillir une partie des fruits de trois années de guerre. Mais il fut étrangement coupable de laisser se désagréger une armée dont les services lui semblaient moins indispensables et de ne plus poursuivre qu'avec mollesse une lutte qui était loin d'être terminée.

Non seulement le nouveau gouvernement fut faible, non seulement il fut maladroit, mais encore il fut trahi. De tous les généraux du temps Pichegru était le seul à n'avoir jamais éveillé les soupçons, et quand Jourdan et Hoche étaient destitués après leurs victoires, c'était lui qu'on nommait pour les remplacer. Profondément dissimulé, habile à augmenter l'éclat de ses succès par la modestie et la brièveté de ses comptes rendus, il avait su gagner l'opinion. Mais, dévoré d'ambition, et bien que n'ayant ni les attaches d'un La Fayette, ni les services et les déboires d'un Dumouriez, il conçut, dès 1795, des projets de restauration monarchique et voulut jouer le rôle d'un Monck. Nommé au commandement de l'armée du Rhin et occupé de négocier avec les agents du royalisme, il persuada au gouvernement, dont il avait la confiance et qui désirait la paix, que l'Autriche elle-même n'était pas éloignée d'imiter la conduite de la Prusse, et que, pour entretenir les bonnes dispositions de cette puissance, il ne fallait pas presser les opérations militaires. Obligé enfin de s'ébranler après avoir perdu de longs mois, il le fit avec un mauvais vouloir manifeste.

Telles furent les causes politiques essentielles de l'inaction de nos principales armées pendant l'année 1795. Nous verrons en terminant que des motifs purement militaires contribuèrent aussi à leur insuccès.

II

LA CAMPAGNE DU RHIN

§ 1. — MAYENCE.

Michaud. — Après s'être emparé de la tête de pont de Mannheim, le général Michaud, commandant l'armée du Rhin, renforcé par deux divisions de l'armée de la Moselle, avait investi Mayence, repoussé les postes avancés de l'ennemi et commencé sur la rive gauche d'immenses travaux de circonvallation, s'étendant de Laubenheim à Mombach (1), en attendant que la belle saison permît de passer le fleuve et de compléter l'investissement sur la rive droite. Jusque-là, en effet, tout succès était illusoire et l'ennemi était libre de renouveler continuellement la garnison et les approvisionnements de la place. Les travaux furent terminés à la fin de janvier, sous la direction de Kléber, qui était venu, le 1er décembre, prendre le commandement des divisions devant Mayence; sa connaissance des lieux, où il s'était déjà si glorieusement distingué, l'avait désigné au choix du Comité.

(1) Voir le croquis n° 21.

Le nouveau directeur du siège, peu désireux de compromettre sa réputation militaire, essaya vainement d'ouvrir les yeux aux gouvernants sur les difficultés de l'entreprise et sur la nécessité absolue de compléter l'investissement de la place. Jourdan, dans un voyage qu'il fit à Paris, ne fut pas plus heureux. Au milieu de mars, Kléber se brouilla avec Michaud et demanda son changement. Aucun divisionnaire ne voulant assumer la succession du vainqueur de Maëstricht, il fut remplacé dans le commandement en chef du corps de siège par Schaal, simple général de brigade, auquel chacun promit d'obéir. — Le 2 mars, sur la proposition de Dubois-Crancé, membre du Comité, la Convention décréta la réunion des armées du Rhin et de la Moselle sous les ordres de Pichegru et l'envoi sur le Rhin des divisions de l'armée du Nord inutiles en Hollande. Mais celles-ci ne rejoignirent que deux mois plus tard et Pichegru se rendit d'abord à Paris.

En son absence, Michaud eut à repousser de nombreuses attaques des Autrichiens, dont la principale eut lieu le 30 avril. A la fin de mai il fut renforcé par les trois divisions de l'armée de la Moselle venant de Luxembourg (Ambert) et par une division (Poncet) de l'armée de Sambre-et-Meuse, lesquelles portèrent ses forces à plus de 100 000 hommes. L'armée prit le nom d'*armée du Rhin-et-Moselle*. Trois divisions de l'armée de Sambre-et-Meuse vinrent former couverture sur la basse Moselle et la Nahe. — Le 22 mai, Clerfayt, ayant ramené son armée vers Mayence, tenta sur nos lignes une attaque générale qui ne fut repoussée qu'au prix de pertes sérieuses. Vers cette époque, Michaud, malade d'une blessure reçue le 26 mars, demanda à être relevé de son commandement (1). Ses démarches firent presser le départ, de Paris, de Pichegru, qui venait d'aider la Convention à répri-

(1) Le dénûment où on laissait ses troupes malgré ses représentations et le dégoût d'une entreprise aussi mal combinée ne furent pas étrangers à sa détermination. Voir, sur les souffrances de l'armée du Rhin pendant l'hiver de 1794-1795, le discours du député Féraud à la Convention (*Moniteur* du 1er mai 1795, cité par BONNAL, *Histoire de Desaix*, p. 74), et GOUVION SAINT-CYR (II, 153 et seq.). « Devant Mayence, dit ce dernier, le froid fut plus grand, plus long que celui qu'on éprouva (en Russie) jusqu'au passage de la Bérésina. »

mer le soulèvement du 1ᵉʳ germinal (21 mars) et était plus que jamais en faveur.

Pichegru. — L'arrivée du nouveau général en chef, dans le courant de juin, fut favorablement accueillie par l'armée de Rhin-et-Moselle, qui espérait sortir de son inaction. Mais Pichegru, loin de songer à prendre l'offensive, ne s'occupa que d'entrer en relations avec les émigrés et d'amuser le Comité par de vagues promesses sur les bonnes intentions de l'Autriche. Ses forces disponibles montaient alors à environ 95 000 hommes, dont 30 000 devant Mayence, 40 000 à proximité, sur la Pfrimm, et 25 000, sous Desaix, dans la haute Alsace. L'armée de Sambre-et-Meuse comptait 97 000 hommes, dont 62 000 vers Coblentz et Düsseldorf et 35 000 sur la Nahe. Jourdan, que le Comité de Salut public avait subordonné à son collègue et qui trouvait son inaction impardonnable, ne cessait de proposer l'offensive. Une tentative résolue sur Wesel avait était enrayée, au commencement d'avril, par la conclusion de la paix de Bâle. Les renforts envoyés à l'armée de Rhin-et-Moselle, ayant été remplacés par 20 000 hommes de l'armée du Nord, Jourdan employa ses loisirs forcés à réorganiser ses troupes. Il en forma huit divisions (au lieu de douze), avec une réserve de cavalerie, et les répartit de Düsseldorf à Bingen (1).

D'ailleurs l'état des deux armées était pitoyable, et il en était de même sur toutes nos frontières, où la désertion et les maladies, résultats de la misère, décimaient les bataillons. Les 1 100 000 hommes qui figuraient, *au mois de mars*, sur les contrôles du ministère de la Guerre, comme effectif total des dix armées qu'entretenait la France, se réduisaient à 960 000, dont 400 000 malades ou prisonniers, 140 000 dans les places, et *450 000 seulement à l'armée active* (2). L'armée de Sambre-et-Meuse n'avait

---

(1) Voir le croquis n° 38.
(2) Ces 450 000 hommes se répartissaient ainsi (en mars):

1. Armée du Nord	Moreau	68 000	hommes.
2. — de Sambre-et-Meuse	Jourdan	87 600	—
3. — du Rhin-et-Moselle	Pichegru	57 000	—
4. — des Alpes	Moulins	14 000	
	A reporter	226 600	hommes.

à cette époque que 87 000 hommes disponibles sur un effectif de 170 000; l'armée de Rhin-et-Moselle, plus malheureuse encore, sur un effectif de 193 670 soldats, n'en avait en ligne que 57 000. C'était le fruit de l'administration d'Aubry.

En face des deux armées françaises, beaucoup trop disséminées, les forces autrichiennes formaient trois masses : Werneck, avec à peine 25 000 hommes, gardait le Rhin entre le Mein et la Ruhr; Clerfayt, avec 70 000 hommes, était derrière Mayence; enfin vers le milieu d'août une armée de plus de 80 000 hommes se rassembla, sous Wurmser, dans le Brisgau. Cette dernière était destinée à une invasion de la haute Alsace, que les habiles dispositions de Desaix firent bientôt contremander.

Voyant la saison s'avancer et ne recevant pas de nouvelles satisfaisantes des négociations que Pichegru prétendait avoir entamées, le Comité de Salut public se décida, à la fin de juillet, à envoyer un plan d'offensive aux généraux. Pichegru devait passer le Rhin le premier à Mannheim, repousser Clerfayt et permettre ainsi à Jourdan de déboucher par Rheinfels. — Ce projet était inexécutable. Non seulement il était presque impossible au premier de forcer le passage en présence de Clerfayt, mais l'encaissement du fleuve à hauteur de Rheinfels rendait la tentative de Jourdan particulièrement difficile.

Les deux généraux présentèrent des observations. Jourdan proposa de passer le fleuve vers Düsseldorf, où l'ennemi n'était pas en force, et de venir, en remontant la rive gauche, tendre la main vers Mayence à Pichegru. Le Comité adopta ce nouveau projet en ce qui concernait l'armée de Sambre-et-Meuse, mais,

		Report............		226 600 hommes.
5.	Armée d'Italie................	Kellermann........	27 500	—
6.	— des Pyrénées orientales....	Schérer...........	43 300	—
7.	— — occidentales..	Moncey............	33 800	—
8.	— de l'Ouest................	Canclaux..........	42 000	—
9.	— des côtes de Brest........	Hoche.............	51 000	—
10.	— des côtes de Cherbourg....	Dubayet...........	26 000	—
			450 200 hommes.

Voir le tableau comparatif des effectifs *bruts* et des effectifs *nets* en 1793 et en 1794 dans Ch. Malo, *Campagne de 1796*, p. 33.

comme pour le gâter à plaisir et comme si les deux lignes d'opérations choisies n'étaient pas assez distantes, il le combina avec une seconde attaque que l'armée du Rhin, renforçant sa droite, devait tenter entre Neu-Brisach et Huningue. L'incurie de Pichegru réduisit d'ailleurs à néant cette tentative et Jourdan franchit seul le fleuve.

Comme le remarque Gouvion-Saint-Cyr il était beaucoup trop tard pour entrer en campagne et le premier devoir des deux généraux eût été de s'y opposer. Voulait-on attaquer quand même, il fallait, suivant lui, faire garder le bas Rhin par l'armée du Nord, amener l'armée de Sambre-et-Meuse devant Mayence (rive gauche) et faire passer le fleuve à Pichegru vers Huningue pour tourner la place par le sud, en écrasant successivement les détachements du Brisgau. Dans tous les cas, après l'adoption du projet de Jourdan, et la prise de Mannheim par Pichegru, il fallait faire déboucher par cette ville l'armée du Rhin tout entière pour *réunir 160 000 hommes sur le Mein*. Le Comité n'y songea pas et Pichegru se garda bien de le faire.

§ 2. — LA MANŒUVRE DE DUSSELDORF.

Le projet d'opérations. — Jourdan résolut de tenter deux attaques : l'une *vraie* à Urdingen, l'autre *fausse* à Neuwied. Ces deux points étaient bien choisis, car la configuration des rives y permettait de diriger des feux convergents sur le lieu du passage et d'en écarter l'ennemi. Aux deux endroits une île, plus rapprochée de la rive gauche, pouvait servir à abriter le matériel et les embarcations nécessaires. Le général du génie Dejean et le capitaine d'artillerie Tirlet furent chargés de la préparation des deux opérations ; grâce à leur zèle et malgré un dénûment complet, moins d'un mois leur suffit pour tout rassembler. Jourdan fit prendre à son armée au commencement d'août les positions suivantes :

Division Lefebvre à Urdingen ;
— Morlot à Neuss ;
— Tilly à Gladenbach.

Ces trois divisions furent placées sous les ordres de Kléber, qui mit son quartier général à Crevelt (1);

Division Championnet à Cologne;
— Grenier de Bonn à Andernach;
— Bernadotte à Weissenthurn, en face de Neuwied;
— Poncet à Metternich.

Ces deux dernières divisions étaient placées sous les ordres de Hatry, chargé de la fausse attaque;

Division Marceau, de Coblentz à Rheinfels.

Tous les camps, de Neuwied à Coblentz, étaient fortement retranchés pour être en état de repousser une offensive possible de l'ennemi.

Malgré les instances de Jourdan, Pichegru ne faisait aucun préparatif pour le seconder. Les Autrichiens, comprenant qu'ils n'avaient rien à craindre de ce côté, renforcèrent leur droite : 12 000 hommes, sous le général Erbach, occupèrent l'anse d'Urdingen; 14 000, sous Wartensleben, celle de Neuwied, et les couvrirent de retranchements; entre les deux, le prince de Würtemberg, avec une réserve de 9 000 hommes, prit position sur la Sieg.

La fausse attaque devenait impraticable. Néanmoins, pour donner le change à l'ennemi, Jourdan fit enlever, le 1er septembre, par 1 200 grenadiers, l'île située en face de Neuwied et s'y retrancha. Tous les préparatifs étant terminés, il se rendit le 5 septembre à Crevelt pour diriger la véritable attaque qui devait avoir lieu dans la nuit.

A cette date la situation de l'armée de Sambre-et-Meuse était la suivante :

---

(1) On a vu que Jourdan, pour éviter l'éparpillement des forces, avait déjà fait usage de cette organisation dans la campagne précédente. Tout d'abord les généraux commandant plusieurs divisions avaient conservé le commandement de la leur. Cette fois *ils n'en ont plus en propre*, ce qui est déjà un progrès. Il faut attendre l'année suivante pour que cette idée se précise et que l'organisation en corps reste *permanente pour la durée de la campagne*.

DIVISIONS.	FANTASSINS.	CAVALIERS.	ARTILLERIE ET GÉNIE.	TOTAUX.
1. Lefebvre	9 964	2 455	576	12 995
2. Grenier	8 099	1 367	411	9 877
3. Tilly	8 834	933	409	10 176
4. Championnet	8 250	1 390	476	10 116
5. Bernadotte	8 857	1 198	421	10 476
6. Morlot (puis Bastoul)	7 569	1 263	421	9 253
7. Poncet	9 305	493	378	10 176
8. Marceau	9 313	1 771	478	11 562
Cavalerie Legrand		738		738
				85 369 (1)
Garnisons	8 166	1 231	2 890	12 287
	78 357	12 839	6 460	97 656

Le passage. — Sur la proposition de Kléber, on résolut de forcer le passage à la fois à Urdingen et au-dessus de Düsseldorf, qui n'était occupé que par des troupes palatines (2). Dans ce but la division Championnet renforça le corps de Kléber et le porta à 40 000 hommes. La division Grenier permuta avec la division Morlot, dont le chef avait dû se retirer à l'intérieur et fut remplacé par Bastoul. Le comte d'Erbach, commandant les troupes autrichiennes qui occupaient la boucle d'Urdingen, y avait fait élever une triple ligne de redoutes. Mais cette ligne ne dépassait pas l'embouchure de l'Angerbach, car la petite portion située au nord, entre Angerort et Eickelkamp, faisait partie du duché de Berg et était englobée dans la ligne de neutralité convenue avec la Prusse. Cependant cette neutralité n'ayant été garantie aux princes allemands que sous condition qu'ils rappelleraient leurs contingents, et l'électeur palatin n'ayant pas satisfait à cette clause, les commissaires décidèrent qu'on pouvait passer à Eickelkamp sans violer le traité. Cela permettait de tourner les retranchements autrichiens.

Le 5 septembre, à neuf heures du soir, les divisions Lefebvre et Tilly sont massées en face de ce point, la division Grenier à Bodberg et dans l'île d'Urdingen, Championnet à l'embouchure

(1) Avec 217 bouches à feu.
(2) Voir le croquis n° 39.

de l'Erft. Quatorze batteries, armées de 122 pièces, sont prêtes à foudroyer la rive droite. A une heure du matin Lefebvre fait passer 3 000 hommes, gagne la route de Duisbourg, puis tourne à droite et franchit l'Angerbach à Spick en culbutant un poste autrichien. A trois heures, il a sous la main 10 000 hommes et 3 pièces légères.

De son côté Championnet, malgré le feu de l'artillerie ennemie, est parvenu à jeter sur la rive droite, un peu au-dessus du confluent de l'Erft, 700 grenadiers conduits par le général Legrand. Tandis que le reste de la division passe et refoule le comte d'Erbach accouru sur ce point, Legrand avec son bataillon pousse jusqu'aux glacis de Düsseldorf, dont le gouverneur, intimidé, met bas les armes à la première sommation. — A ce moment Lefebvre, suivi des divisions Tilly et Grenier, s'avance entre Kaiserswerth et Angermünd, et les Autrichiens, craignant d'être enveloppés, se replient en hâte sur Ratingen. Faute de cavalerie les Français ne peuvent les poursuivre.

Cette belle opération, conduite avec une rare vigueur par les généraux, avec une incroyable intrépidité par la troupe, assurait notre débouché.

La marche sur Mayence. — Le 7 septembre, un pont de bateaux jeté à Urdingen permit à la cavalerie et à l'artillerie de rallier les divisions. Ney, gagnant la Wipper avec quelques troupes légères, enleva aux émigrés le pont de Opladen et apprit à Jourdan que Werneck s'était retiré derrière la Sieg pour y rejoindre le prince de Würtemberg, campé avec 9 000 hommes aux environs de Bonn. Le 10 septembre, Jourdan se porta à hauteur de Cologne, où il fit jeter un pont. Une brigade de Bastoul le garda, l'autre remplaça Championnet à Düsseldorf. Le 13, la division Lefebvre, formant avant-garde, culbuta, après un sérieux engagement, le corps de Würtemberg en avant de Blankenberg. Ce général, de concert avec Erbach, se retira derrière la Lahn, où il fut rejoint par Wartensleben, commandant le corps autrichien de Neuwied. Réunis, ils présentaient une masse de plus de 50 000 hommes.

Mais la retraite de Wartensleben permettait à Jourdan d'amener à lui son aile droite et, le 15 septembre, Hatry le rejoignait avec ses deux divisions. Laissant Marceau le long du fleuve pour bloquer Ehrenbreitstein et couvrir le pont de Neuwied, Jourdan se porta aussitôt sur la Lahn en cinq colonnes, dirigées sur Nassau (Bernadotte), Dietz (Poncet), Limburg (Championnet et Tilly), Weilburg (Grenier) et Wetzlar (Lefebvre). Le 19 septembre ces divers points étaient occupés non sans résistance, mais quand l'armée française en déboucha le lendemain, elle s'aperçut que l'ennemi avait profité de la nuit pour se dérober. Jourdan reprit sa marche en avant. Le 25 septembre il atteignait le Mein, sans pouvoir s'étendre au delà de Höchst, où aboutissait la frontière neutre, et le 26 son avant-garde se présentait devant Mayence. Il ne disposait plus que d'environ 60 000 hommes (1).

§ 3. — LA TRAHISON DE PICHEGRU.

La jonction. — De l'avis de Napoléon, les armées françaises manœuvrant sur le Rhin en 1795 devaient tendre à converger entre le Mein et le Neckar, de façon à séparer Clerfayt de Wurmser et à les écraser isolément. Par contre les Autrichiens, placés au centre, devaient tout faire pour empêcher cette jonction, et Mayence était pour eux une excellente tête de pont qui leur permettait d'agir sur les deux rives. De plus, comme le remarque Jomini, « la direction perpendiculaire (au Rhin) du Mein et du Neckar, aboutissant au point central, leur assurait d'excellentes lignes d'approvisionnement, des communications précieuses avec la base du Danube et un appui pour les flancs des grandes armées, qui agiraient concentriquement entre Strasbourg et Mayence ». Malgré l'amplitude exagérée donnée à la dernière manœuvre et l'inconvénient de deux lignes d'opérations si éloignées, la vigueur de son exécution et la faible résistance de l'ennemi au nord du Mein en avaient pallié des défauts. Si l'armée de Rhin-et-Moselle avait eu à sa tête, non pas un génie, mais un général simplement soucieux de son honneur mili-

---

(1) Saint-Cyr a reproché avec raison à Jourdan d'avoir laissé beaucoup trop de monde en arrière.

taire (1), on pouvait considérer la jonction des deux armées françaises comme terminée. Le moindre mouvement en avant de Pichegru le réunissait à Jourdan. Son inaction aurait pu avoir une excuse aux yeux de ses contemporains si, se conformant au plan du Comité, il avait porté le gros de ses forces vers Huningue. Mais, sans être général, il était trop intelligent pour ne pas saisir toute l'absurdité de ce projet, et s'il ne tenait pas à des succès, il voulait éviter un désastre. Comprenant que son inaction finirait par sembler extraordinaire, il massa son centre et sa droite en face de Mannheim et, le 20 septembre, fit sommer la place. Le gouverneur et le ministre de l'électeur palatin, Oberndorf, instruits des menées de Pichegru, crurent que l'occupation de Mannheim était nécessaire à ses projets et la livrèrent sans coup férir.

C'était en réalité mettre Pichegru au pied du mur, car il n'avait plus de prétexte plausible pour ne pas rejoindre Jourdan. Mais, au lieu de déboucher avec la majeure partie de ses forces, il se contenta de porter sur la rive droite deux divisions (Dufour et Ambert, 10 000 hommes), qui durent étendre leur gauche vers Mayence et leur droite vers Heidelberg. Le Comité, de plus en plus aveugle, réitéra le décret qui soumettait Jourdan à Pichegru, et, dans un conseil de guerre tenu le 4 octobre, il fut convenu avec les Représentants que le premier investirait Mayence par la rive droite tandis que le second contiendrait l'ennemi en avant de Mannheim. Indépendamment des troupes de l'armée de Sambre-et-Meuse occupées au siège sur la rive droite, Kléber, chargé à nouveau de l'opération, reçut le commandement supérieur des 4 divisions de l'armée de Rhin-et-Moselle (corps Schaal) qui bloquaient la place sur la rive gauche.

Mais l'armée de Jourdan était totalement dépourvue du matériel de siège nécessaire. Les 60 000 hommes qu'il avait amenés

(1) SAINT-CYR est d'avis que si Pichegru avait déjà la pensée de trahir (comme le prouve sa correspondance avec Condé prise en 1797), cette pensée ne dirigeait pas encore ses opérations militaires; mais que, général très médiocre malgré une réputation exagérée, et livré à lui-même, il ne commit que des fautes. Ce ne fut, suivant lui, qu'après sa retraite sur la Pfrimm que Pichegru prit nettement son parti (II, 266). L'insuccès des manœuvres coupables de Pichegru dans cette campagne fut imputé au désaveu que la conduite de Condé provoqua de la part des Autrichiens, lesquels ne tenaient guère à une restauration monarchique. (Voir aussi SOULT, 1, 254 sqq.)

sur le Mein (6 divisions), resserrés entre le fleuve et la zone neutre, dans un pays ravagé par l'ennemi, sans convois par manque de chevaux, étaient dans la plus grande misère et la belle discipline qui les avait toujours distingués avait fait place à l'insubordination et au pillage. L'armée de Pichegru n'était guère mieux pourvue; mais tandis que l'un réclamait sans cesse, l'autre trouvait tout pour le mieux et continuait à déclarer au Comité que les réquisitions suffiraient et que les magasins étaient inutiles.

Nous avons vu plus haut la situation de l'armée de Sambre-et-Meuse au moment de son offensive; à la fin de septembre (1), celle de Rhin-et-Moselle formait trois masses :

DIVISIONS.	BATAILLONS.	ESCADRONS.	EFFECTIFS.
1° De Bâle à Mannheim (gros sur la Pfrimm).			
1re Desaix..................	15		8 175
2e Ferino...................	15	8	8 311
3e Bourcier.................	15	4	8 060
4e Taponier.................	12	4	6 603
5e Beaupuis.................	16	6	6 731
Cavalerie Rivaud............		26	2 535
Parc.......................			236
	73	48	40 651
2° Autour de Mannheim.			
6e Ambert...................	13	6	3 874
7e Dufour, puis brigadiers Dusirat et Cavrois.	15	6	6 433
Garnison de Mannheim........	3		1 954
Cavalerie Forest............		8	718
	31	20	12 979
3° Devant Mayence (général Schaal).			
8e Courtot..................	15	10	9 044
9e Saint-Cyr................	12	6	6 828
10e Mengauld................	10	4	6 754
11e Reneault................	15	3	8 242
	2	23	30 868
		Total............	84 498 h.

La manœuvre de Westlar. — C'est dans cet état que l'attaque de l'ennemi surprit les deux armées. Si les généraux français, par mauvais vouloir de l'un d'eux, semblaient n'avoir pas compris le but

(1) Cette situation est du 23 octobre, mais, sauf les pertes de la septième division, elle n'avait pas varié dans l'intervalle.

à atteindre (1), il n'en était pas de même des deux généraux autrichiens. Clerfayt avait reculé entre Francfort et Aschaffenburg, en restant sur la rive gauche du Mein; Wurmser se porta sur Mannheim, détachant en avant, à marches forcées, sous Quasdanowich, un corps de 25 000 hommes qui occupa Heidelberg, repoussa la division Dufour passée à Mannheim en lui faisant perdre 1 200 hommes (24 septembre) et fit sa jonction avec Clerfayt.

Celui-ci, renforcé par 15 000 grenadiers hongrois et disposant de 80 000 hommes en dehors de la garnison de Mayence et du corps laissé devant Mannheim, eut coup sur coup deux belles inspirations qui révèlent le véritable homme de guerre. Sa position lui permettant de manœuvrer en lignes intérieures entre les deux armées françaises, il résolut d'en profiter pour les battre séparément. Rassuré du côté de Mannheim, où Wurmser arrivait, il se tourna d'abord contre Jourdan. Il pouvait l'aborder de front; il fit mieux, il menaça sa ligne de retraite et l'obligea presque sans coup férir à repasser le Rhin.

Se basant sur la violation par les Français de la ligne neutre à Eickelkamp, il la viola à son tour, fit passer le Mein à sa droite vers Seligenstadt (10 octobre) et, tandis qu'une avant-garde se portait sur la Nidda, dirigea rapidement le gros sur Westlar. En présence d'un adversaire résolu, cette manœuvre, qui l'éloignait de Wurmser, leur jonction à peine opérée, pouvait lui être fatale. Mais il connaissait les dispositions de Pichegru, et Jourdan, qui n'avait sous la main que 60 000 hommes, ne pouvait rien à lui seul contre des forces supérieures.

En effet, dès qu'il eut vent du mouvement de Clerfayt, Jourdan se décida à la retraite (2). La droite (Kléber) se replia sur le pont de Neuwied; la gauche, avec Jourdan, se replia sur Düsseldorf. Cette ville fut mise aussitôt en état de défense, et un camp retranché construit dans la boucle de Hamm pour protéger le pont jeté en ce point. Un malheureux événement faillit compromettre le mouvement de Kléber. Marceau, chargé avec l'arrière-garde d'incendier les bateaux restés sur la Lahn, s'y prit trop

---

(1) L'inaction de Pichegru était inexplicable pour les généraux de Jourdan (Soult, I, 253).

(2) Pressentant ce mouvement, il avait donné ses instructions aux généraux dès le 9 (Soult, I, 279).

tôt et ceux-ci, entraînés par le courant, vinrent incendier le pont de Neuwied avant que le gros de l'aile droite ne l'eût franchi. Mais Kléber prit position sur la Lahn, repoussa l'avant-garde ennemie et repassa le Rhin le lendemain sur le pont réparé.

Si la retraite avait été bien conduite, elle avait été prolongée trop loin. En s'arrêtant sur la Lahn dans une forte position, Jourdan aurait retenu devant lui Clerfayt et l'eût empêché de se retourner contre Pichegru.

La manœuvre de Mayence. — Clerfayt ne commit pas la faute de suivre Jourdan jusqu'à Düsseldorf. Il résolut au contraire de profiter de son éloignement pour se jeter sur Pichegru par la tête de pont de Mayence et pour l'accabler avec l'aide de Wurmser. Le 28 octobre au soir, après avoir laissé le prince de Würtemberg sur la Sieg avec 10 000 hommes (1), il revenait à Mayence à marches forcées et en débouchait le lendemain matin en deux colonnes, l'une au-dessus, l'autre au-dessous de la ville, tandis que la garnison, sur trois colonnes, débouchait dans l'intervalle.

Pichegru, qui semblait n'avoir prêté aucune attention à la retraite de Jourdan, avait laissé dans leurs lignes les quatre divisions de Schaal. Celle de Courtot, qui formait la droite, surprise et menacée d'être tournée (on avait commis la faute de ne pas prolonger de ce côté les retranchements jusqu'au Rhin), abandonna successivement les deux lignes de redoutes. Bientôt la vue d'un petit corps, débarqué par une flottille sur ses derrières, changea son mouvement de recul en une débandade, à travers laquelle se jeta la cavalerie ennemie. La division Saint-Cyr, placée à la gauche de Courtot, exécuta sa retraite avec fermeté ; mais 3 000 hommes, 60 pièces et un immense matériel furent le bilan de cette triste journée. Le corps de blocus, désorganisé, se retira, partie vers la Pfrimm (divisions Saint-Cyr, Mengauld et Reneault), partie vers Kircheimbolanden (division Courtot), au moment même où Marceau accourait vers la Nahe pour le soutenir (2).

Si Clerfayt, avec plus de décision, aurait pu envelopper le

---
(1) Six bataillons, 31 compagnies détachées, 29 escadrons — 10 232 hommes.
(2) Voir (II, 247 et seq.) les réflexions de Saint-Cyr sur les inconvénients des lignes de retranchements continues. Soult ajoute (I, 263) que les lignes étaient tracées beaucoup trop près de la place.

corps de Schaal dans la boucle du Rhin et l'anéantir, on n'en doit pas moins admirer sa belle manœuvre, dont l'archiduc Charles se souviendra l'année suivante (1).

§ 4. — L'OFFENSIVE AUTRICHIENNE.

La retraite de Pichegru. — Clerfayt, laissant un simple corps d'observation sur la Nahe, s'attacha à Pichegru pour le mettre définitivement hors de cause. Le 8 novembre, celui-ci quitta Mannheim, en y maintenant, comme pour les sacrifier à plaisir, 9000 hommes sous Montaigu (6ᵉ et 7ᵉ divisions) et prit position derrière la Pfrimm. Il réorganisa ses forces et les disposa de la façon suivante :

DIVISIONS.	BATAILLONS.	ESCADRONS.	EFFECTIFS.	EMPLACEMENTS.
Avant-garde Desaix. (cavalerie Rivaud).	12	28	6 143	En cordon, en avant du front.
5ᵉ Beaupuis	19	4	6 724	En avant de Worms.
8ᵉ Ferino (ex-Courtot).	15	6	5 223	A Pfeddersheim.
9ᵉ Reneault (ex-Saint-Cyr).	18	3	6 762	A Monsheim.
10ᵉ Mengauld (puis Delaborde).	6	10	2 998	A la gauche de la précédente.
11ᵉ Saint-Cyr (ex-Reneault).	18	10	8 517	A Kircheimbolanden.
Cavalerie Forest....		16	865	Derrière Monsheim.
	88	77	37 232	Et 40 pièces.
6ᵉ Ambert			9 447	Dans Mannheim.
7ᵉ Montaigu				
4ᵉ Taponier	15	6	5 592	
3ᵉ Bourcier	15	4	7 367	
2ᵉ Vachot (ex-Ferino).	12	4	5 864	Échelonnées de Frankenthal à Porrentruy.
1ʳᵉ Michaud (récemment formée)	15	4	7 838	
Dans les divisions militaires	3	4	1 813	
	60	22	28 474	

(1) « Clerfayt, dit à ce sujet Gouvion-Saint-Cyr, possédait éminemment une des plus grandes qualités qui constituent le général, la prudence ; et, s'il eût été doué d'un égal degré d'audace, il eût été un général parfait, phénomène qui, je crois, ne s'est pas encore vu. » Et il ajoute : « La perfection d'un général me paraît devoir se trouver dans la réunion de ces deux qualités, une prudence extrême et une égale audace; l'une domine dans le cabinet, où elle prépare les succès, l'autre sur les champs de bataille, où elle les obtient. La première règle les dispositions, la seconde l'exécution. » (II. 258.)

En somme, sur un total de 75 153 hommes, Pichegru n'en avait que 37 000 dans la main.

Le général autrichien, que la pointe de Marceau sur Kreuznach avait un moment inquiété, renforcé par une nouvelle division de l'armée de Wurmser (Latour, 14 bataillons, 40 escadrons), vint l'attaquer le 10 novembre. Il avait réparti ses forces en deux masses à peu près égales : l'une sous ses ordres directs (34 000 hommes), destinée à l'attaque de front, l'autre sous Wartensleben (36 000 hommes), dirigée sur Kircheimbolanden et destinée à tourner la gauche de Pichegru.

Son ordre de bataille était le suivant :

CORPS.	DIVISIONS.	Bataillons.	Compagnies détachées.	Escadrons.	Pièces.	EFFECTIFS.
C. principal (Clerfayt)	Avant-garde : Kray....		34	22	14	8 865
	1re ligne............	14		14	23	12 651
	2e ligne............	12		12	28	12 757
		26	34	48	65	34 273
C. dit *d'observations* (Wartensleben)...	1re avant-garde : Hohenlohe............	3	6	8	8	3 683
	2e avant-garde : Nauendorf............		18	13	8	5 329
	1re ligne............	10		6	14	8 400
	2e ligne............	8		6	14	5 621
	Réserve : Latour......	15		22	32	13 038
		36	24	55	76	36 071
Corps disponibles............		2	28	3	9	3 245
Totaux............		64	86	108	150	73 589

Sans attendre que le mouvement de Wartensleben, qui eût été décisif, fût terminé, Clerfayt assaillit Albisheim (1), défendu par la 10e division, et s'en empara. Bien que l'avant-garde de Desaix eût été seule engagée sérieusement, Pichegru, craignant d'être tourné, se replia sur Frankenthal, Dürkheim et Kaiserslautern.

Le 14 novembre, profitant de l'élan de ses troupes et répétant

(1) Voir les croquis nos 33 et 38.

la même manœuvre, Clerfayt, bien qu'affaibli d'une partie du corps de Wartensleben envoyée contre Marceau, attaqua les Français dans leurs nouvelles positions, obligea leur droite à reculer et la rejeta sur la Speyer. Le 16 novembre Pichegru envoyait à Saint-Cyr, commandant sa gauche (10º et 11º divisions), l'ordre d'évacuer Kaiserslautern, qu'il avait fait fortifier, et reculait derrière la Queich. Il établit son gros entre Germersheim et Landau et étendit sa gauche dans les montagnes jusqu'à Pirmasen, Hornbach et Sarrebrück.

Mannheim, livrée à elle-même par la honteuse retraite de l'armée du Rhin, dut capituler devant l'armée de Wurmser, qui vint remplacer sur la Speyer celle de Clerfayt (1er décembre), tandis que ce dernier gagnait en toute hâte les bords de la Nahe, où l'appelaient les progrès de Jourdan.

L'offensive de Jourdan. — A la nouvelle de la défaite de son collègue sous Mayence (1), Jourdan, faisant taire tout ressentiment, avait immédiatement détaché Marceau de Coblentz avec un corps de 15 000 hommes, pour tenter une diversion sur la Nahe. Celui-ci avait brillamment enlevé, le 10 novembre, les gorges de Stromberg, et, en présence des forces supérieures de l'ennemi, pris position dans le Soon-Wald, en avant de Kreuznach. Cette attaque avait néanmoins donné quelques jours de répit à Pichegru, et Jourdan se prépara à la soutenir avec toutes ses forces disponibles.

Laissant 5 000 hommes, récemment arrivés de l'armée du Nord, à Düsseldorf, 5 000 hommes de Cologne à Audernach (le tout sous le commandement du général Hatry), et 12 000 hommes, sous Kléber, de Neuwied à Coblentz, il en porta 20 000 dans le Hundsrück, qui, avec les 15 000 de Marceau, formaient une armée de 35 000 hommes : c'était tout ce que la désertion lui avait laissé. Le mauvais état des communications sur la basse Moselle l'obligeant à faire passer ses troupes par Trarbach et Mühleim,

---

(1) Pichegru, négligeant de prévenir directement son collègue de sa retraite, s'était contenté d'écrire au gouvernement pour inviter Jourdan par son intermédiaire à une diversion sur la Nahe. Cette perte de temps était peut-être une trahison de plus.

il ne put les réunir vers Simmern que le 20 novembre (1). Bien que la nouvelle de la chute de Mannheim, reçue quelques jours plus tard, rendît inutile le secours que le Comité voulait prêter à la ville, Jourdan résolut de se porter avec toutes ses forces sur la Nahe pour tâcher d'enrayer la pointe de Clerfayt en Alsace. Le 1er décembre il fit enlever Kreuznach par la division Bernadotte et poussa Marceau sur la Glan.

Mais la position de ce général était aventurée. Attaqué le 8 décembre à Meisenheim et Lauterecken par les forces doubles des siennes qu'amenait Clerfayt, il fut rejeté sur Kirn, et le général autrichien se dirigea aussitôt par Baumholder, sur Mühleim pour intercepter nos ponts de la Moselle. Une brigade postée par Jourdan à Morbach, après avoir repoussé pendant deux jours l'avant-garde autrichienne, fut culbutée le 16 décembre et obligée de se replier sur Mühleim. Mais Jourdan avait fait un rapide changement de front à droite ; le 17 il attaquait en flanc, vers Kirn et Sultzbach, avec les divisions Marceau et Poncet, les colonnes ennemies en marche sur la Moselle, et les arrêtait net (2).

Sa position était néanmoins critique, et Kléber lui annonçait déjà que d'immenses préparatifs avaient lieu en face de Coblentz en vue d'un passage du fleuve, lorsqu'à sa grande surprise et à sa grande joie, Clerfayt lui proposa un armistice (21 décembre). Jourdan exigea que l'armée de Pichegru fût comprise dans la trêve et que Clerfayt repassât la Nahe : tout fut accordé et Pichegru ratifia la décision de son collègue. La ligne de démarcation suivit le Rhin de Düsseldorf à Bingen et de Mannheim à Bâle et décrivit un grand arc de cercle de Bingen à Mannheim en suivant le pied des Vosges (3).

(1) Saint-Cyr a reproché à Jourdan sa lenteur, mais indépendamment des raisons données plus haut, la désorganisation et le dénûment des troupes devaient contribuer à ralentir sa marche.

(2) Quelques jours auparavant Saint-Cyr avait repris l'offensive avec les 10e et 11e divisions (10 décembre) et rejeté sur Kaiserslautern la droite de Wurmser (17).

(3) Pichegru laissa bien inutilement ses troupes bivouaquées au milieu de toutes les privations dans les lignes de la Queich pendant qu'il se livrait à la débauche à Strasbourg. Comme le révèle sa correspondance secrète, il voulait affaiblir ses hommes pour que l'ennemi en eût meilleur marché. (Voir SAINT-CYR, II, 335 et seq, et SOULT, I, 287.)

Tous les historiens militaires ont cherché à expliquer l'étrange conduite de l'Autriche en cette circonstance. Les uns l'attribuent à l'approche de l'hiver, à la déception que lui causait Pichegru ; d'autres y voient une faute grossière de Clerfayt. En réalité cet armistice était, avant toutes choses, le contre-coup de la grande défaite que venait d'éprouver l'Autriche à Loano (1).

III

LA CAMPAGNE DES ALPES

§ 1. — L'OFFENSIVE AUTRICHIENNE.

La situation. — A la fin de novembre 1794 l'armée sarde formait toujours trois masses. Les ducs de Montferrat (4 000 h.) et d'Aoste (10 000 hommes) gardaient les Alpes, de la Doire Baltée à la Stura ; Colli, avec 25 000 hommes, était concentré à Coni, Mondovi et Céva.

Les nouveaux Représentants du peuple, envoyés à l'armée après le 9 thermidor, avaient, malgré les instructions contraires du Comité de salut public, proposé un plan d'offensive par le col de Cadibone, *toujours inspiré par Bonaparte* et identique à celui qu'il devait appliquer en 1796. Le général Schérer, nommé le 1er novembre 1794 au commandement de l'armée d'Italie à la place de Dumerbion admis à la retraite, en proposa un second par le col de Tende. Mais son armée, obligée de détacher 15 000 hommes à Toulon pour une expédition projetée en Sardaigne, bivouaquant malgré le froid pour épargner le pays de Gênes, mal vêtue et mal nourrie, était dévorée par le typhus et réduite, sur un effectif de 100 000 hommes, à 54 000 combattants, dont 22 000 le long de la côte, 15 000 à Toulon et *17 000* seulement sur les Alpes (2). L'armée des Alpes, de son côté, comptait à peine 20 000 combattants, formés en quatre divisions, dont trois sur les Alpes et une (5 000 hommes) à Lyon et Grenoble. L'offensive était impossible.

Le 3 mars 1795, Schérer était envoyé aux Pyrénées orientales

---

(1) Voir Krebs et Moris.
(2) Voir Roguet, I, 145 et 159.

et Kellermann était nommé pour la seconde fois au commandement en chef des armées des Alpes et d'Italie : le général Moulins dirigeait la première sous ses ordres. Il s'occupa immédiatement de les réorganiser. Le contre-ordre donné à l'expédition de Sardaigne avait rendu disponible le détachement envoyé à Toulon, mais la désertion à l'intérieur augmentait dans une proportion effrayante. Grâce à ses efforts, l'armée d'Italie avait, au commencement de juin, 30 000 hommes en ligne sur les Alpes (1) : la gauche (division Garnier, 4 000 hommes) de Saint-Dalmas à Belvédère; le centre (division Macquard 6 000 hommes) à Tende; la droite (divisions Freytag et Sérurier, 20 000 hommes sous Masséna) d'Ormea à Savone. Tous les postes avaient été retranchés et des points de ralliement fixés d'avance à chaque corps en cas d'attaque de l'ennemi (2).

L'intervention autrichienne. — Le traité du 3 janvier 1795 avait réglé le partage de la Pologne et donné à l'Autriche la Bavière en échange des Pays-Bas. La Prusse s'était retirée de la coalition le 5 avril et la Hollande quelques jours après. L'Autriche, demeurée seule, ne devait guère espérer des succès du côté du Rhin en raison de la force des armées françaises sur ce théâtre. Restait donc l'Italie. Aussi, après avoir montré un grand mauvais vouloir pendant la campagne précédente, le cabinet de Vienne finit-il par s'entendre à Milan avec le roi de Sardaigne en vue d'une offensive combinée dans la rivière de Gênes. Le général autrichien de Wins arriva à Alexandrie avec un corps de 30 000 hommes (mai), qu'il porta à Acqui, et reçut le commandement en chef des forces austro-sardes. Colli dut attaquer par Tende, d'Argenteau par la vallée du Tanaro, Wallis par Gênes (3).

Après avoir prélude à son offensive par de nombreux combats d'avant-postes, la gauche des alliés s'ébranla le 15 juin vers les

---

(1) Voir les croquis nos 23 et 40.

(2) Dans les Alpes, le 12 mai, Moulins fit enlever le col de Grisanche, qui donnait accès dans la vallée d'Aoste.

(3) MM. Krebs et Moris font à ce sujet la curieuse remarque que, dans l'état rudimentaire où était alors l'organisation du service des subsistances, la question de la mouture des grains avait une importance capitale dans la conservation de nos communications avec Gênes. Tous les blés du pays, même ceux du comté de Nice, étaient portés aux moulins de Noli, Vado et Gênes.

cols de Cadibone et de San Giacomo. Le 23, Savone fut bloquée et, le 24, 10 000 Autrichiens vinrent attaquer les 4 500 hommes de la brigade La Harpe retranchés en avant de Vado. Ils furent repoussés, renouvelèrent leur tentative le 25 et le 26 et échouèrent encore. Mais le 25, une colonne de 5 000 hommes, dirigée sur le col de San Giacomo, l'enleva aux 2 000 Français qui le gardaient, tandis que d'Argenteau, avec 4 000 hommes, s'emparait du col de Melogno. Les cols furent repris le soir même, mais, le 27, Masséna tenta vainement avec 3 000 hommes de réoccuper par une attaque furieuse le mont Settepani, et, voyant ses troupes épuisées, replia lentement la division Freytag sur les hauteurs de Zuccarello, de Borghetto au mont Galé (28 au 30 juin — 2 au 7 juillet) (1).

Pendant ce temps Colli tentait vers le col de Tende et la vallée du Tanaro des attaques nombreuses mais décousues, qui échouaient devant l'énergique résistance des divisions Macquard (6 000 hommes) et Sérurier (6 000 hommes). Le 5 juillet un dernier et violent assaut contre le col de Termini fut repoussé, mais les Autrichiens parvinrent à prendre pied sur la haute Neva, au débouché du col de San Bernardo.

De Wins s'arrêta pour constituer des magasins et Kellermann, qui s'était montré en ces circonstances très supérieur à ce qu'il avait été à Valmy, put consolider ses troupes sur leurs nouvelles positions en attendant des renforts. Au lieu de mettre à profit leur immense supériorité numérique pour tenter une manœuvre décisive, les alliés, peu d'accord, perdirent les mois de juillet et d'août en tentatives continuelles et décousues sur tout le front de nos positions, sans parvenir à les entamer sérieusement sur aucun point.

§ 2. — **LOANO**.

Les renforts. — Le Comité de Salut public avait pleinement approuvé Kellermann (2) et pris de sérieuses mesures

---

(1) Sur le beau rôle de Masséna à cette époque, voir ROGUET, I, 167, 179 et 183.
(2) MM. KREBS et MORIS démontrent à ce propos qu'on ne doit tenir aucun compte d'une pièce intercalée dans la correspondance de Napoléon et qui n'est qu'une minute rédigée avant la connaissance des faits.

pour réapprovisionner et renforcer l'armée d'Italie. Déjà 6 000 hommes, puis 10 000, tirés de l'armée du Rhin, avaient rejoint l'armée des Alpes. La paix conclue avec l'Espagne (22 juillet) permit de tirer trois divisions de l'armée des Pyrénées et de les porter vers Nice. Mais, sur 32 000 hommes promis, 12 à 14 000 seulement rejoignirent : le reste fut réquisitionné en route pour réprimer les troubles de l'intérieur. En même temps, le Comité soumettait à Kellermann un projet d'opérations analogue à la manœuvre de Dego de l'année précédente et ayant pour but de percer la ligne ennemie *par la vallée du Tanaro* (1). Le besoin de renforts en fit différer l'exécution et Kellermann se préparait à se mettre en mouvement, quand il apprit qu'il n'avait plus que l'armée des Alpes et que Schérer, arrivant des Pyrénées, le remplaçait à l'armée d'Italie (29 septembre) (2).

La mésintelligence s'était accentuée entre Colli et de Wins. Celui-ci n'osait pas attaquer Masséna de front et voulait que Colli débouchât par Tende pour le tourner, mais en même temps il lui refusait les forces nécessaires pour réussir ; les opérations se bornèrent à une attaque du mont Genèvre, qui échoua (30 août) et à de nombreuses escarmouches dans les vallées de la Tinée et de la Vésubie. Le 19 septembre de Wins tenta de forcer notre centre, retranché en avant de Zuccarello, sur le Rocca-Grande ou Petit Gibraltar. Mais, sur 9 000 hommes, il n'en engagea que 2 000 et Saint-Hilaire avec 6 000 hommes le culbuta aisément.

L'offensive. — Au commencement de novembre l'armée d'Italie comptait 35 000 hommes en ligne et devait prendre l'offensive le plus tôt possible suivant l'ancien plan de Kellermann adopté par Schérer. Celui-ci, ayant reçu une cargaison de souliers qui lui manquaient, se disposait à s'ébranler, soutenu par des

---

(1) Ce plan était *inspiré* par Bonaparte, alors employé dans les bureaux du Comité, et qui, malgré sa situation effacée, avait réussi à se faire écouter. Kellermann n'y comprit rien (J. Colin, *l'Éducation militaire de Napoléon*, p. 330, sqq.).

(2) La conduite de Kellermann, devant cette défaveur imméritée, fut pleine de dignité. Il écrivit au Comité une lettre très noble et très simple, fort éloignée du style du temps, où il rendait compte de sa conduite. « Ils ont prouvé, ajoutait-il en parlant de ses soldats, la fausseté du préjugé jusqu'à présent reçu que le soldat français n'était propre qu'à l'attaque, et que son courage le rendait peu propre à la défense. »

diversions de Kellermann sur toute la frontière des Alpes, quand une tempête de neige l'arrêta, rendit impossible les opérations sur le versant nord de la vallée du Tanaro, où Colli s'était d'ailleurs renforcé, et obligea d'Argenteau à se replier du mont Sambucco (en avant de Rocca-Barbena) sur Bardinetto. Dans ces circonstances nouvelles Schérer, inspiré par Masséna, entrevit la possibilité de percer le centre ennemi en refoulant d'Argenteau et d'envelopper la gauche à Loano. Il ramena donc vers Zuccarello une partie des troupes concentrées à Ormea et attaqua le 23 novembre.

A gauche, Sérurier (10 000 hommes), partant d'Ormea, marche contre Colli avec 3 000 hommes par la vallée du Tanaro et les hauteurs de gauche, et en porte 3 000 autres sur le col de San Bernado. Il est partout repoussé, mais a procuré une diversion utile.

Au centre, Masséna (13 000 hommes) attaque sur trois colonnes le corps de d'Argenteau, dont les 10 000 hommes, fatigués par le mauvais temps et les privations, s'étendent de Rocca-Barbena au col San Bernardo, par Bardinetto. Charlet (4 000 hommes) à droite, Bizanet (3 500) au centre, La Harpe (5 000) à gauche enlèvent toutes les positions et rejettent l'ennemi sur Calissano. Masséna file alors par la crête des montagnes, occupe les cols de Melogno et de San Giacomo et redescend dans la nuit sur Finale (1).

A droite Augereau (8 000 hommes, brigades Banel, Rusca, Victor et Dommartin) s'avance sur Loano en échelons, l'aile gauche en avant, refoule les Autrichiens sur la rive gauche du Nimbalto, en prend une grande partie, mais est arrêté par Schérer, qui n'a pas de nouvelles de Masséna.

Dans la nuit Wallis évacue son artillerie sur Carcare par le San Giacomo, non encore occupé, et se replie sur les hauteurs de Bardino.

Le lendemain Schérer, apprenant les succès de Masséna, pousse Augereau en avant. Ce mouvement, et l'apparition de Masséna sur son flanc droit, décident Wallis à se replier sur Savone, puis sur Acqui, où il arrive le 29 (2).

---

(1) Voir le détail dans GACHOT, *la Première Campagne d'Italie*, p. 10, ssq.
(2) JOMINI, comparant la manœuvre de Schérer à celle de Bonaparte l'année suivante, s'est montré sévère pour le premier. Il n'est pas douteux que si le

Colli, sans nouvelles des Autrichiens, a pris position avec 8000 hommes entre le Tanaro et la Bormida occidentale. Ménard (4000 hommes), Joubert (3000) et Sérurier (5000) remontent les vallées des deux Bormidas et du Tanaro pour l'attaquer. Le manque de moyens de transport pour les vivres empêche Schérer de pousser plus de monde en avant. Priola est occupée le 28 novembre, Calissano, Pallare et Bagnasco le 29, et d'Argenteau se replie de Montezemolo sur Ceva, où il est rejoint par Colli. L'ennemi a perdu dans ces derniers engagements 10000 hommes, dont 6000 prisonniers, 5 drapeaux, 50 pièces et ses magasins.

Le manque d'artillerie de siège, les difficultés d'arrivée des subsistances, à mesure qu'ils s'éloignaient du littoral, leur base de ravitaillement, décidèrent les Français à se replier dans les premiers jours de décembre et à prendre leurs quartiers d'hiver de la façon suivante :

Masséna { La Harpe (8 000 h.) à Savone) avant-postes sur la crête ;
{ Meynier (10 000 h.) à Finale) de S. Giorgio à Melogno ;
Augereau (7 000 h.) à Albenga — avant-garde à Bardinetto ;
Sérurier (5 000 h.) à Ormea — avant-garde à Garessio ;
Macquard (3 500 h.) à Tende ;
Garnier (3 000 h.) sur la Vésubie, la Tinée et le Var ;
3 divisions (20 000 h.) de Vintimille à Marseille ;

Les Piémontais se partagèrent en deux masses :

5 000 cantonnèrent de la Vraita à Tende ;
20 000 — à Ceva et Mondovi.

Les Autrichiens se replièrent en Lombardie.

Conclusion. — L'armée d'Italie, si longtemps négligée par le gouvernement, si longtemps obligée de faire face avec ses seules ressources aux entreprises d'un ennemi numériquement deux ou trois fois plus fort qu'elle, terminait la campagne par une éclatante victoire qui dégageait l'Alsace et consolidait le Directoire. Cette lutte inégale, victorieusement terminée, avait

---

mouvement de la division Masséna avait été exécuté par les trois quarts des forces disponibles, le strict nécessaire contenant Wallis, on pouvait envelopper celui-ci et le séparer définitivement de Colli. Si l'économie des forces aurait pu être mieux observée et les résultats plus décisifs, la manœuvre de Loano n'en est pas moins remarquable.

donné aux soldats républicains « la pleine conscience de leur supériorité morale et militaire sur leurs adversaires. Aguerries et endurcies par les combats et les privations, les troupes de l'armée d'Italie étaient prêtes à renouveler les exploits des légionnaires romains sous la conduite d'un chef assez audacieux et actif pour triompher des obstacles matériels, qui, depuis deux années, les retenaient sur les rochers stériles des Alpes et des Apennins (1) ».

IV

LA CAMPAGNE DES PYRÉNÉES

§ 1. — PYRÉNÉES OCCIDENTALES (2).

L'armée de Moncey était à peine entrée en quartiers d'hiver que le typhus ravagea ses cantonnements. De 89 500 hommes elle tomba bientôt à 35 000 et la disette, se joignant à l'épidémie, mit les survivants hors d'état de rien entreprendre avant le retour du printemps.

Les Espagnols, passés sous les ordres du prince de Castel-Franco, s'étaient partagés en deux masses : l'une (Crespo) derrière la Deva et couvrant la Biscaye, l'autre (Filanghieri) vers Lecumberri, couvrant la Navarre.

Dès la fin de mars, Moncey fit lever les cantonnements autour de Tolosa et tenta de déloger Crespo de ses positions sur la Deva. Il fut constamment repoussé et ne réussit que le 9 mai à occuper la montagne de Musquirucha, en avant d'Elgoibar. Cependant le 28 juin il parvint à passer la rivière vers son embouchure et à tourner la gauche de Crespo, qui, après une résistance honorable, se replia sur Mondragon et Durango.

Quelques jours après (3 juillet), Moncey avec 73 000 hommes se tourna contre la droite espagnole. Quatre colonnes, trois partant de Tolosa et une de S. Estevan, marchèrent concentriquement sur les hauteurs de Lecumberri, que l'ennemi évacua pour

---

(1) Krebs et Moris, II, p. 353.
2) Voir le croquis n° 24.

se retirer derrière le col d'Aspiroz, sur la position d'Irumzun. Il y fut attaqué le 6 juillet par les Français, et après un combat des plus disputés, fut rejeté sur Pampelune. Cette victoire isolant la droite et la gauche des Espagnols, Moncey reprit ses opérations contre cette dernière.

Le 12 juillet Dessein quittait Elgoibar avec 4 500 hommes, occupait le 14 Durango, où Crespo avait ses magasins, et marchait sur Vittoria, où il entrait le 17 et où il était rejoint par le général Willot. Crespo, pour éloigner les Français de la Castille, avait fait sa retraite sur Bilbao. Dessein le suivit, occupa le 19 Orduna et entra le 20 juillet dans Bilbao, que Crespo évacua sans l'attendre en se jetant dans les montagnes pour gagner Pancorbo. La province de Biscaye tout entière était en notre pouvoir.

Le 30 juillet les troupes victorieuses à Irumzun s'emparèrent du col d'Ollarequy et Moncey, après avoir rassemblé à Bayonne le matériel de siège nécessaire, s'apprêtait à porter sa division de droite sur l'Èbre, pour compléter l'investissement de Pampelune, quand la nouvelle de la paix l'arrêta (5 août).

Du côté de Saint-Jean-Pied-de-Port, la division Manco (5 000 hommes) n'avait eu à escarmoucher que contre les habitants du pays.

§ 2. — PYRÉNÉES ORIENTALES (1).

Pérignon. — Du côté des Pyrénées orientales, l'hiver n'avait pas arrêté les hostilités. Pérignon, disposant de 25 000 hommes environ, les avait partagés en deux masses à peu près égales; l'une, sous ses ordres, fut consacrée au siège de Roses, l'autre, sous Augereau, prit position autour de Figueras avec des avant-postes sur la Fluvia.

Le général Urrutia, commandant les forces espagnoles, occupa la rive droite de cette rivière et s'étendit de la mer à Campredon. Il ne tenta, dans le courant de janvier, pour inquiéter le siège entrepris, que des affaires partielles qui furent aisément repous-

(1) Voir le croquis n° 25.

sées par Augereau. Pendant ce temps, Pérignon pressait vivement la ville, défendue par une garnison de 8 000 hommes Malgré le froid qui rendait très pénibles et très difficiles les travaux, il s'empara le 8 janvier du fort du Bouton, ou de la Trinité, en faisant monter du canon sur des hauteurs réputées inaccessibles. Le 1ᵉʳ février il enlevait d'assaut tous les ouvrages extérieurs, et le gouverneur, désespérant de sauver la place, l'évacuait par mer dans la nuit du 2 au 3.

Pérignon résolut de profiter immédiatement de l'ardeur de ses troupes pour envahir la Catalogne. Le 18 février, il ordonna à Augereau, formant sa droite, de s'emparer des postes espagnols de la haute Sègre, en avant d'Urgel. Mais ces attaques ayant été repoussées, il tourna ses efforts du côté de la Fluvia et tenta d'en déboucher le 1ᵉʳ mars par Bezalu et Bascara. Il échoua également. Ne disposant pour les opérations actives que de 25 000 hommes sur un effectif de 49 000, alors que son adversaire en avait 45 000, il passa les mois de mars et d'avril à se retrancher sur la rive gauche de la rivière. Les 24, 26 et 27 avril de nouveaux efforts pour déboucher restèrent infructueux en présence de la forte position prise par l'armée espagnole aux environs d'Oriols. Dans les premiers jours de mai Pérignon fut remplacé par Schérer.

Schérer. — Le nouveau général renouvela par deux fois dans le courant de mai les efforts de son prédécesseur pour franchir la Fluvia, et les deux fois fut repoussé. Après être resté inactif pendant tout le mois juin, il attaqua de nouveau les Espagnols sur toute la ligne, le 13 juillet, et à la faveur de ce combat qui resta indécis, enleva une grande quantité de fourrages et de blé dont il avait un pressant besoin.

Ce fut le dernier engagement de la campagne de ce côté. Depuis le commencement de juin des négociations étaient engagées à Bâle entre notre ambassadeur Barthélemy et le ministre de Charles IV, Yriarte. Le 22 juillet la paix était signée. Nous rendions à l'Espagne toutes nos conquêtes au delà des Pyrénées en échange de la partie de l'île de Saint-Domingue qui lui appartenait. Si la compensation était médiocre, elle était inspirée par la plus sage politique, et l'Espagne devait rester, pendant toutes les guerres suivantes, notre fidèle alliée.

CONCLUSION

Sauf en Italie et en Espagne, c'est-à-dire sur les théâtres secondaires, la campagne de 1795 n'avait tenu aucune des promesses qu'on était en droit d'en attendre d'après ses brillants débuts et d'après la situation avantageuse de nos armées sur le Rhin. Comme on l'a vu, la faiblesse du gouvernement, la nouvelle tendance de sa politique, le dénûment où il avait laissé les troupes et la trahison de Pichegru, entraient pour beaucoup dans les échecs éprouvés par nos principales armées. Mais ces échecs avaient aussi d'autres causes purement militaires : le plan défectueux adopté pour les opérations sur le Rhin et l'insuffisance des moyens tactiques employés.

Après être entré en campagne trop tardivement, on avait disséminé les forces sur une ligne immense, sans aucun principe d'économie; on avait fait agir Jourdan et Pichegru, suivant le projet favori de Carnot, sur les deux ailes de l'ennemi, dans des directions très éloignées, en se privant du concours de l'armée du Nord, qui aurait pu garder le bas Rhin; enfin l'exécution avait été aussi défectueuse que la conception elle-même et les généraux, par trahison ou impuissance, n'avaient pu ou voulu pallier les fautes du Comité.

Mais le plan de campagne n'était pas seul responsable. Dans les deux dernières années, les armées de Pichegru et de Jourdan avaient atteint des effectifs inusités et la division, à peine créée, s'était trouvée trop faible comme unité stratégique. Ayant les trois armes réunies entre ses mains, chaque divisionnaire tendait à agir isolément, à disséminer les efforts. Aussi avait-on vu apparaître, dès le premier jour, le fractionnement des armées en corps formés de plusieurs divisions réunies sous un même chef. Mais ce chef n'avait encore qu'un état-major rudimentaire, et son autorité, *absolument temporaire*, manquait de puissance. Le général en chef ne s'isolait pas encore et conservait une partie de ses divisions sous son action directe, particularisant inutilement ses préoccupations et ses soins.

Si l'emploi exclusif des réquisitions rendait les armées plus mobiles, elle les affamait souvent dans des pays continuellement traversés ou trop restreints pour leurs effectifs.

Si les nouvelles formations employées permettaient d'utiliser les propriétés du terrain et favorisaient l'offensive, la dispersion en tirailleurs de la totalité des bataillons de première ligne les faisait échapper quelque peu à la direction des chefs, dont l'autorité s'étendait sur des fronts très développés.

Enfin nulle part, sauf peut-être à Fleurus, on n'avait vu s'affirmer encore le grand principe des fortes réserves, de l'échelonnement en profondeur. Chaque division avait bien sa réserve, mais une armée qui s'engageait engageait toutes ses divisions

Ce qui donna souvent, malgré tout, la victoire aux Français ce fut la tendance constante à prendre l'offensive contre un adversaire continuellement sur la défensive, qui cherchait à être fort sur tous les points à la fois et ne l'était réellement nulle part.

En somme, les nouveaux procédés de guerre n'avaient montré jusque-là que peu d'avantages. Bonaparte allait révéler, en Italie, comment, avec de petits effectifs, on pouvait employer toute la force active des divisions et faire concourir cette action multiple à un but unique. Il devait révéler plus tard comment on organise et on échelonne les masses.

CORBEIL. — IMPRIMERIE ÉD. CRÉTÉ.